Generis
PUBLISHING

AF746219

EL IMVA

UNA RENTA BÁSICA INMEDIATA PARA ESPAÑA

Juan A. Gimeno Ullastres

Title: **EL IMVA**

UNA RENTA BÁSICA INMEDIATA PARA ESPAÑA

ISBN: 979-8-89248-228-8

Author: Juan A. Gimeno Ullastres

Cover image: www.pixabay.com

Publisher: Generis Publishing
Online orders: www.generis-publishing.com
Contact email: info@generis-publishing.com

ÍNDICE

1. LA LUCHA CONTRA LA POBREZA Y LA EXCLUSIÓN SOCIAL

1.1. Pobreza, desigualdad y redistribución

De acuerdo con los informes de la Red Europea de Lucha contra la Pobreza (EAPN), en 2021, unos 4,8 millones de personas padecían pobreza severa en España y 13,1 millones de personas se hallaban en riesgo de exclusión social y pobreza, es decir, un 27,8% de la población. Casi uno de cada tres menores se encuentra en esa situación

El concepto de exclusión social sustituye progresivamente al de pobreza. El índice europeo es la tasa AROPE que incluye tres factores: pobreza relativa, carencia material severa y baja intensidad de trabajo.

En los últimos lustros, España ha experimentado el mayor crecimiento de desigualdad de la OCDE tras las dos crisis de este siglo: la financiera de 2008, la COVID de 2019. El 1% de la población española concentra más riqueza que el 70% de las familias con menos recursos. Trabajar ya no es garantía de abandonar la pobreza.

Son datos conocidos pero que nos sitúan en la necesidad de reflexionar sobre cómo actuar ante esa situación.

Es sabido también que la formación de rentas se produce en el juego de mercado que representa en el conocido gráfico del flujo circular de la renta que arriba se representa.

En el mercado de factores, los propietarios de los factores productivos reciben su retribución a cambio de ponerlos a disposición del proceso de producción de bienes y servicios. Ahí surge la primera fuente de desigualdad: ni todas las personas tienen los mismos medios ni todas las retribuciones son iguales.

Pero también en el mercado de bienes existe una evidente desigualdad que afecta a la apropiación de valor por parte de unos vendedores que concentran un poder de mercado creciente.

FIGURA 1: EL FLUJO CIRCULAR DE LA RENTA

Fuente: Econosublime.

Estas nociones elementales sirven tan solo para recordar que la lucha contra la pobreza debe empezar realmente en el mercado de trabajo y en toda la organización socioeconómica. Los poderes públicos deben actuar de forma decidida para reequilibrar el poder de actuación en los mercados de factores y de bienes y servicios. Toda la normativa que afecta a la negociación de salarios y condiciones de trabajo, que fija mínimos para salarios y condiciones de despido, todas las políticas en favor del pleno empleo… son condiciones esenciales para reducir la generación de desigualdades y situaciones de exclusión social.

En mercados cada vez más oligopolísticos, cuando no monopolísticos, la defensa de la competencia y la política antimonopolios se convierten en una exigencia adicional para evitar el deterioro del poder adquisitivo real de la mayoría de la población.

El gráfico mostraba también como el sector público interviene detrayendo tributos vía renta, gasto y riqueza (los tres índices clásicos de capacidad de pago) para proveer de bienes y servicios que garanticen los derechos básicos de la ciudadanía y para transferir ayudas a monetarias a quienes más lo necesitan. El conjunto del sistema fiscal actúa como garantía de los derechos ciudadanos (porque, sin recursos de nada sirve proclamar derechos a distintos bienes sociales que se quedan en meras proclamas vacías): sin justicia fiscal no hay justicia social.

La Justicia Fiscal se materializa precisamente en una recaudación tributaria progresiva y equitativa, a través de la contribución de todas las personas e instituciones, en función de su capacidad económica, suficiente para asegurar los derechos básicos de las personas y garantizar que todas reciban de forma adecuada las prestaciones públicas socialmente consideradas necesarias. Se trata de recaudar bien y suficiente, pero para gastar bien: de forma progresiva y eficiente.

En la misma línea de reequilibrio de poderes, además de las políticas distributivas y redistributivas es fundamental actuar en la denominada *predistribución*, es decir, en políticas que acerquen la realidad a la tan presuntamente defendida igualdad de oportunidades. La adecuada tributación de las herencias es fundamental cuando explican casi el 70% de la desigualdad existente en la sociedad española (SALAS Y RODRÍGUEZ, 2020). La educación de calidad generalizada y accesible, sin condiciones de segregación social, es otra de las inversiones claves para propiciar una menor desigualdad. Lo mismo puede decirse de una garantía de adecuadas condiciones de vida, que incluyen factores como vivienda, salud, alimentación…

Este trabajo se centra en políticas redistributivas a posteriori, en las políticas de transferencia de rentas que tratan de aliviar las situaciones de especial necesidad. Precisamente, en las que entran en juego cuando (y porque) han fallado las políticas distributivas que actúan sobre las raíces. [1] Insistiremos en esta idea fundamental: las políticas de última instancia que vamos a analizar intentan corregir unas situaciones de desigualdad y exclusión, pero solo actuando sobre las causas que llevan a esas situaciones desarrollaremos una auténtica política correctora.

Con el asentamiento de los Estados de bienestar, en la mayoría de los países se ha tejido una doble red protectora. Para la mayoría de población existe un sistema contributivo de protección, que se complementa con prestaciones asistenciales para cubrir el riesgo de insuficiencia de ingresos de los hogares que no acceden al sistema principal.

Pero los sistemas de lucha contra la pobreza se han ido enfrentando de forma creciente a nuevos colectivos que han exigido la introducción de sucesivas reformas destinadas

[1] Lo que sigue de este repaso a las rentas mínimas se ha elaborado a partir de colaboraciones previas con Luis Ayala, a quien hay que atribuir buena parte de su mérito. No, por supuesto, los posibles errores de los que soy único responsable.

a adecuar su funcionamiento a la nueva realidad social.

Hay que destacar que el Pilar social europeo incluye entra las prestaciones básicas una renta mínima adecuada: "Toda persona que carezca de recursos suficientes tiene derecho a unas prestaciones de renta mínima adecuadas que garanticen una vida digna a lo largo de todas las etapas de la vida, así como el acceso a bienes y servicios de capacitación".

Comencemos por repasar las líneas básicas de las políticas de último recurso cuando la pobreza y la exclusión social alcanzan cifras no deseables.

1.2. Los programas de garantía de rentas

El objetivo básico de la intervención pública dirigida a combatir la pobreza es reducir la insuficiencia de ingresos de los hogares con menores recursos. Para alcanzar esta meta, existen en los sistemas de protección social combinaciones muy diversas de servicios públicos y prestaciones sociales.

Dentro de los posibles instrumentos de actuación, nos centraremos en los programas de transferencia de renta a los hogares, aunque se revisan también algunos aspectos regulatorios. Casi todos los países comparten un cuadro básico de programas dirigidos al sostenimiento de rentas que incluye las *prestaciones por desempleo* destinadas a sustituir las rentas que se pierden tras la pérdida del puesto de trabajo, las *prestaciones por invalidez,* que tratan de proporcionar una renta que sustituya a los salarios de los trabajadores que han contraído algún tipo de enfermedad que les incapacita para el trabajo, las *pensiones de jubilación* sobre todo por la existencia de cuantías mínimas o criterios de actualización independientes de las cotizaciones ... En paralelo, se arbitran las prestaciones asistenciales, destinadas a la población sin cotizaciones previas suficientes para el sostenimiento de la situación de privación de rentas.

El conjunto de prestaciones anteriores se completa en la mayoría de los sistemas de protección social con una última prestación cuyo principal objetivo es ofrecer cobertura económica a aquellos hogares que han agotado su derecho a otros recursos públicos. Estas prestaciones, denominadas *rentas mínimas*, constituyen en muchos países el principal recurso de los poderes públicos para combatir la pobreza.

Esta última red de seguridad económica puede formularse de muy distintas maneras, ya sea a través de la suma de distintos mínimos asistenciales específicos – vejez, invalidez, hogares monoparentales, etc. – o mediante el establecimiento de una gran figura asistencial destinada a cubrir a todos los hogares que han agotado su derecho – o no han accedido – al sistema contributivo.

Los programas de garantía de rentas descansan en una prestación destinada a cubrir la insuficiencia de ingresos de los hogares más pobres, que suele estar condicionada a la comprobación de los recursos económicos de los beneficiarios. Son muchos los elementos que afectan a su desarrollo y que pueden dar lugar a figuras diferentes. Entre otros, destacan habitualmente los siguientes:

1.- *Condicionalidad*: sujeción del derecho a recibir la prestación al cumplimiento de una serie de exigencias previas. La más generalizada es disponer de un nivel de ingresos inferior a un determinado límite, aunque en algunos sistemas no sólo se considera la renta corriente del hogar sino también su patrimonio, determinadas características socioeconómicas o, incluso, la disponibilidad laboral.

2.- *Financiación*: estas prestaciones se pueden financiar mediante fuentes de generales o a través de instrumentos específicos de financiación.

3.- *Carácter diferencial*: normalmente, la cuantía que finalmente llega a los hogares o individuos es la diferencia entre el nivel de ingresos fijado como mínimo por los decisores públicos y los ingresos totales de la unidad beneficiaria.

4.- *Unidad beneficiaria:* en la mayoría de los sistemas de garantía de rentas la unidad beneficiaria es el hogar en lugar del individuo. No sucede así con las prestaciones contributivas, para las que normalmente los pagos son individuales y dependen de cotizaciones previas.

5.- *Duración:* no existe una pauta común el período de disfrute de la prestación. En algunos países la duración es ilimitada, aunque el hecho más común es el de un plazo fijo de percepción.

6.- *Medidas de inserción:* en algunos países, además de la prestación el beneficiario tiene el derecho y la obligación de participar en actividades que incentiven la inserción sociolaboral.

La idea de una prestación asistencial sin más ha sido contestada críticamente por algunos sectores. Se alude tanto a la posible generación de fuertes desincentivos laborales como a una merma de los derechos ciudadanos debido al carácter condicional de estas prestaciones. Tales críticas han dado lugar a distintas propuestas de rentas mínimas alternativas.

Una de las más célebres fue el *impuesto negativo sobre la renta (INR)*. Dicha propuesta adquirió popularidad en los años sesenta en algunos países como alternativa a los sistemas asistenciales tradicionales. La idea básica era sustituir los programas tradicionales por una figura más simple y universal que integrara la renta mínima con el impuesto sobre la renta.

En su formulación más general, el INR consiste en fijar un nivel de ingresos por debajo del cual se recibe una transferencia y pagar una cantidad a determinar si los ingresos superan ese umbral. Todas las familias declararían sus rentas y mientras que las de ingresos más altos pagarían impuestos, las de rentas inferiores recibirían una subvención (un impuesto negativo).

Otra propuesta alternativa a las rentas mínimas tradicionales es la *Renta Básica (RB)*. La RB es una prestación monetaria pagada incondicionalmente a cada individuo, independiente de cualquier otra fuente de renta, y sin estar sujeta, por tanto, a la comprobación de recursos ni a la relación con el mercado de trabajo.

En la propuesta final de este trabajo recogeremos de nuevo estas dos ideas.

1.3. El sistema español de protección asistencial

El desarrollo de la protección asistencial en España ha sido más lento que el de otros países europeos. Hasta bien avanzados los años setenta, la mayoría de las prestaciones eran de naturaleza contributiva, ocupando las prestaciones asistenciales un lugar muy residual en el conjunto de la protección social. El crecimiento del desempleo, por un lado, y la creciente responsabilidad del sector público en la cobertura de sectores sociales históricamente muy vulnerables, como las personas mayores, dio origen a un crecimiento importante de la protección asistencial desde comienzos de los años ochenta del pasado siglo.

La progresiva cobertura de diferentes grupos de la población ha hecho que el sistema español de garantía de rentas se inscriba entre de los modelos en los que la última red de protección social es la suma de varios mínimos específicos. En la mayoría de los grupos demográficos existe tanto una prestación contributiva como otra asistencial y, en algunos casos, existe más de un mínimo asistencial. A pesar de los intentos de racionalización del sistema no contributivo español persiste una compleja mezcla de prestaciones, con algunos solapamientos y, sobre todo, con una marcada diferenciación de los derechos sociales. El tránsito desde sistemas antiguos a otros más nuevos ha estado marcado por crecientes restricciones en las condiciones de acceso a las prestaciones.

Entre los principales instrumentos que han conformado el cuadro español de protección asistencial encontramos los mínimos asistenciales en las pensiones o el subsidio asistencial de desempleo y el subsidio de los trabajadores eventuales agrarios.

El antiguo Fondo Nacional de Asistencia Social contemplaba una prestación destinada a reducir la pobreza de aquellas personas que abandonaban el mercado de trabajo por algún tipo de incapacidad y que no habían cotizado lo suficiente para acceder a una prestación contributiva. A mediados de los años ochenta se aprobó la Ley de Integración Social del Minusválido (LISMI), por la que se pretendía modernizar este tipo de prestaciones. A comienzos de los años noventa, la ley de pensiones no contributivas trató de racionalizar el sistema integrando todas las prestaciones en una.

Otro plan asistencial específico destinado a los trabajadores en una prolongada situación de desempleo, aunque con un ámbito de cobertura mucho más limitado, es la renta activa de inserción – no hay que confundirla con las rentas mínimas de inserción de las Comunidades Autónomas, que se revisarán posteriormente –, creada a finales de los años noventa. Dicha prestación, que responde a una fórmula mixta de formación, empleo y sostenimiento de rentas, se destina a los parados mayores de 45 años que permanecen en esa situación desde hace un año al menos y con cargas familiares.

La ausencia de medidas de protección familiar similares a las de otros países de la Unión Europea es una de las principales lagunas del sistema de protección social español. En el ámbito de las políticas contra la pobreza, sólo a comienzos de los años noventa se introdujeron prestaciones destinadas a reducir la pobreza de las familias con hijos a cargo.

La aparición de nuevas prestaciones y los cambios en los sistemas más antiguos han dado origen a un cambio sustancial en el volumen de población acogida al sistema de protección asistencial en España en las dos últimas décadas.

La crisis de 2008 propició un nuevo rebrote de las cifras, especialmente las referidas a la protección del desempleo, alcanzando en total un nivel de nuevo cercano a los dos millones de prestaciones asistenciales.

Otro tipo de prestaciones son las diseñadas por las Comunidades Autónomas para dar cobertura al riesgo general de pobreza. A diferencia de la gran mayoría de países de la Unión Europea no existía en España - hasta la introducción del Ingreso Mínimo Vital (IMV) - un sistema general de rentas mínimas. El diseño fijado carecía de mecanismos de coordinación interterritoriales para evitar posibles problemas de insuficiencia presupuestaria en las regiones con menores recursos económicos o para impedir que se generaran grandes diferencias territoriales en las cuantías y en la cobertura ofrecida.

Con el establecimiento inicial de la renta mínima del País Vasco en 1988 se desencadenó un efecto dominó hasta generalizarse en la práctica totalidad de las regiones. Con la crisis, el crecimiento del número de beneficiarios de estas prestaciones ha sido muy importante, alcanzando máximos históricos. Se podía hablar de cierta consolidación de estos programas, pero también de desbordamiento en la crisis y de una escasa incidencia en términos de la población cubierta. La relevancia de esas rentas mínimas regionales era cuantitativamente pequeña en el conjunto de la protección social, con una contribución a la reducción de la pobreza inferior a la de otras figuras del Estado de bienestar español, como el subsidio de desempleo o las prestaciones no contributivas de vejez e invalidez.

La ausencia de coordinación de las rentas mínimas dio lugar a desigualdades muy acusadas en la cobertura que reciben los ciudadanos pobres de las distintas regiones. Cuando se considera tanto la población pobre cubierta por los programas como la distancia de las cuantías respecto a los umbrales de pobreza se observa que eran las regiones con mayores recursos financieros – aquellas con mayor renta per cápita o con instrumentos específicos de financiación regional – las que presentaban los indicadores de cobertura más elevados, mientras que lo contrario sucedía en las regiones con menor nivel de renta. Esas desigualdades, además, lejos de remitir con el desarrollo de los programas, se fue agrandando con el paso del tiempo.

1.4. Eficacia y eficiencia en las políticas contra la pobreza2

1.4.1. Evaluación de las políticas contra la pobreza

El objetivo último de los programas de garantía de rentas es reducir la insuficiencia de ingresos de los hogares con menos recursos. La eficacia de estos programas debe medirse, por tanto, como el grado en que las tasas de pobreza disminuyen debido a las transferencias públicas. No existe, sin embargo, una relación automática entre el gasto en estas prestaciones y la reducción de las tasas de pobreza. Dependerá de la intensidad del gasto, de la concentración del gasto en los colectivos con rentas más bajas y del acceso que éstos tienen a los programas.

[2] V. Ayala, especialmente 2015

El procedimiento más habitual para medir el modo en que las prestaciones diseñadas específicamente para los hogares más pobres consiguen reducir la incidencia de la pobreza consiste en comparar cuáles eran las rentas de estos hogares antes de cobrar las prestaciones y cuáles son sus rentas disponibles una vez que se realiza el pago de las transferencias. En ausencia de prestaciones, los hogares únicamente pueden recibir las rentas procedentes de su participación en los mercados. Cuando hay prestaciones, su renta final o renta disponible será la suma de las rentas de mercado menos los impuestos pagados por el hogar más las prestaciones recibidas.

Para ver el efecto sobre la pobreza que tienen las prestaciones tenemos que comparar la tasa de pobreza de los hogares cuando sólo reciben rentas de mercado con la que existe en la realidad, en la que los hogares pagan impuestos y reciben prestaciones. La diferencia se puede expresar en términos porcentuales comparando qué supone esa diferencia respecto a la tasa que teníamos inicialmente.

Este es el procedimiento más habitual de medición de la eficacia de las distintas prestaciones en la reducción de la pobreza. Sin embargo, ello presupone que los hogares no cambian su comportamiento cuando tienen la posibilidad de recibir prestaciones o pagar impuestos. La ausencia de prestaciones podría dar lugar a la aceptación de trabajos mal remunerados o a la incorporación a la actividad laboral de otros miembros activos del hogar. Si se ignoran esos posibles cambios en el comportamiento se puede estar sobrestimando el efecto real de la actuación pública sobre la pobreza.

Pese a todo, la comparación de la pobreza antes y después, aunque no pueda ofrecer una medida exacta del efecto real de las políticas puede servir como un buen indicador para medir determinadas cuestiones relacionadas con las políticas contra la pobreza. Entre otras, el examen de las diferencias de resultados de sistemas de protección social de países diferentes o, dentro de un mismo país, el distinto efecto que tiene cada una de las prestaciones sociales.

1.4.2. La eficacia en la reducción de la pobreza

Podemos comparar las rentas "antes" y "después" de las transferencias. Los datos permiten ratificar la importancia que los programas públicos tienen en la mayoría de los países de la OCDE para reducir las tasas de pobreza. En todos ellos, las prestaciones monetarias tienen un papel muy relevante en la reducción de las situaciones de insuficiencia de recursos. Puede afirmarse que en los países donde la intervención del sector público es menor los niveles de pobreza son mayores (países de la órbita anglosajona, como Estados Unidos, Australia y, en menor medida, el Reino Unido). Como experiencia contraria, los países nórdicos y los del Benelux han extendido una tupida red protectora que evita que las rentas de muchos hogares caigan por debajo del umbral.

En general, las pensiones de jubilación son las que más contribuyen a reducir el riesgo de pobreza de los hogares. Ello se debe a que constituyen la única fuente de ingresos para la mayoría de sus beneficiarios y de que ofrecen también cuantías más elevadas que las de las prestaciones asistenciales. Éstas suelen tener un efecto importante sobre los hogares que las reciben, pero al afectar únicamente a un segmento reducido de población, su efecto sobre el conjunto de la pobreza suele ser limitado.

Uno de los factores determinantes de una mayor eficacia de los programas de lucha contra la pobreza es el grado en que los beneficiarios potenciales acceden a estos programas (*take-up*). Este hecho puede resultar decisivo para rebajar sustancialmente las tasas de pobreza. Es habitual que el número de hogares elegibles para los programas sea considerablemente superior al de beneficiarios reales. Mejorar estos porcentajes se convierte en una estrategia imprescindible para reducir la pobreza.

Los datos disponibles para algunos países muestran que los porcentajes de acceso apenas superan la mitad de los beneficiarios potenciales. Las razones[3] de que los hogares que tienen derecho a la prestación no la soliciten son muy variadas (v. figura 2):

Parece claro que cuanto más complejo sea el esquema más difícil será que los beneficiarios, frecuentemente con déficits de habilidades básicas, puedan cumplimentar los requisitos administrativos. Estas dificultades se agudizan cuando la percepción social interpreta los programas como figuras marginales destinadas a población no normalizada.

[3] V. Malgesini 2015

FIGURA 2: RAZONES EXPLICATIVAS DEL NO ACCESO

Complejidad del esquema ⇒	1.- Regulación abundante 2.- Normas complejas 3.- Criterios poco definidos 4.- Comprobación de recursos 5.- Acciones dirigidas a grupos de población asociados a prejuicios negativos 6.- La iniciativa para empezar el proceso corresponde al beneficiario
Administración ⇒	1.- Funcionamiento considerado degradante por los beneficiarios 2.- Confusión entre las funciones de promoción y control del fraude 3.- Escasa calidad y cantidad de información 4.- Trabajar con tópicos 5.- Procedimientos poco modernizados 6.- Impresos poco comprensibles 7.- Escasa coordinación con otros organismos 8.- Errónea interpretación de las normas
Beneficiarios ⇒	1.- Ignorancia de la existencia del esquema 2.- Interpretación errónea de los criterios de elegibilidad 3.- Conocimiento parcial del procedimiento administrativo 4.- Temores de estigmatización y humillación 5.- Actitudes sociales sobre la dependencia 6.- Percepción de que el posible beneficio no supera los costes 7.- Dificultades con los impresos y para reunir la documentación

Un énfasis excesivo en el control de los recursos y en el fraude favorece cierto sentimiento de estigmatización, que a la larga desincentiva la solicitud de la prestación por parte de un colectivo amplio de beneficiarios. Es importante también que sea el beneficiario el responsable del primer paso en el proceso de tramitación de la solicitud.

Independientemente de que el esquema sea más o menos claro, el funcionamiento de la Administración puede ser deficiente si concurren una serie de circunstancias. La notable restricción presupuestaria a la que a menudo tienen que hacer frente los programas propicia un énfasis excesivo en la función de control de los recursos.

Los límites anteriores no deben hacer olvidar, en cualquier caso, que la decisión final de demandar o no la prestación corresponde a los beneficiarios potenciales. Los temores de estigmatización y de recibir un trato humillante suelen aflorar en los sondeos de opinión como uno de los principales costes de la participación. Pero, sobre todo, destacan los límites de la información disponible. En muchos casos se desconocen los programas o los conductos necesarios para poder acceder a la prestación. La solución a dicho problema no es fácil. Las evidencias disponibles permiten afirmar que las grandes campañas de información pueden reforzar la percepción de "prestaciones para los pobres", con el refuerzo, por tanto, del sentimiento de estigmatización.

Otro problema que a menudo se da, relacionado con la información, es el del desconocimiento de los posibles cambios en la normativa que permiten acoger a colectivos que en otro momento fueron rechazados. No es infrecuente que ante una primera denegación los hogares pierdan interés por los programas y desconozcan los cambios en su propia situación de elegibilidad.

1.4.3. La eficiencia en la asignación de las prestaciones

Un diseño óptimo es aquel que permite que los recursos invertidos se traduzcan en la mayor reducción posible de las tasas de pobreza. Para ello, la máxima eficiencia implica:

1º. El gasto que va a los pobres debe ser suficiente para reducir la pobreza. Una forma de evaluar este objetivo es observar el grado de acercamiento de las rentas de los beneficiarios de estas políticas a los umbrales que les permiten escapar de la pobreza.

2º. Hay que evitar el pago excesivo de transferencias. Siguiendo el principio anterior, si se quiere realizar una asignación eficiente del gasto, hay que pagar a los hogares las cantidades necesarias para superar el umbral de pobreza. Podrían darse problemas de desigualdad en los resultados de estas políticas si entre hogares con el mismo nivel de renta y características sociodemográficas similares algunos recibieran mayores transferencias que otros.

3º. Para que el gasto sea eficiente debe ir dirigido exclusivamente a los que son pobres. Otro objetivo, por tanto, es impedir que hogares que por sus niveles de renta no reúnan las condiciones de elegibilidad necesarias para acceder a los programas reciban la prestación.

Diversos estudios han mostrado, para países diferentes, que del total del gasto realizado en prestaciones específicamente destinadas a los hogares más pobres sólo un porcentaje contribuye a reducir la pobreza, dada la concurrencia de los factores enunciados. El temor a que se produzcan estas situaciones de ineficiencia y, sobre todo, la necesidad de reducir estos problemas en un contexto en el que la dotación de recursos para estos programas es limitada, ha propiciado, en muchos países, el desarrollo de estrategias más selectivas en los programas.

Tales cambios han estado protagonizados por la sustitución de programas redistributivos generales por sistemas asistenciales más restringidos, exigencias mucho mayores para los beneficiarios y una progresiva diferenciación de los beneficiarios de la protección asistencial mediante la segmentación del sistema por grupos demográficos. El control exige una inversión de recursos importante para verificar las situaciones de necesidad. La introducción de una rígida maquinaria administrativa puede dar lugar, como se señaló anteriormente, a pérdidas en la eficacia de los programas. Existen evidencias de que en los países que han incorporado mayores restricciones a los programas, el acceso a los programas de los beneficiarios potenciales es menor.

1.4.4. Prestaciones asistenciales e incentivos laborales

Uno de los elementos ligados a la eficiencia que mayor controversia ha suscitado tradicionalmente es la posible generación de desincentivos laborales. El argumento económico tradicional es que el pago de cuantías elevadas puede conducir a los beneficiarios a reducir la participación laboral. Este problema se conoce como *trampa del desempleo*.

Otra fuente de posibles desincentivos surge del hecho, común en los programas, de que las rentas ganadas impliquen la pérdida de la prestación: esas rentas adicionales llegan a estar gravadas a un tipo implícito del 100% (pues se pierden completamente). A este segundo problema se le denomina *trampa de la pobreza*.

La existencia de prestaciones sociales, en general, y de programas de lucha contra la pobreza, en particular, altera el marco de posibilidades de los beneficiarios potenciales, al poder dedicar más horas al ocio sin perder demasiada renta. Todo dependerá de las cuantías fijadas en los programas. Cuanto mayores sean, menos incentivos tendrán los beneficiarios para trabajar, aunque la solución final dependerá de las preferencias individuales.

También se señala que la necesidad de financiar las prestaciones puede generar distorsiones en la oferta de trabajo. Cuanto más elevadas sean las cuantías y el número de beneficiarios, mayor será el gasto público necesario. Dado que buena parte de la financiación de la protección social procede de impuestos generales y del gravamen de las rentas del trabajo, es probable que nos encontremos a menudo ante otro tipo de dilema: si se pagan cuantías muy altas, los asalariados que pagan impuestos podrían encontrar menos incentivos para trabajar.

La restricción descrita por la vía de la financiación ha de ligarse a los objetivos que se marquen para evitar los desincentivos laborales, siendo frecuente el establecimiento de cierta distancia entre las cuantías de las prestaciones y las remuneraciones medias de los trabajadores con salarios más bajos. En varios países, las cuantías se fijan, de hecho, como un porcentaje del salario mínimo. A diferencia del caso anterior, la atención se centra ahora en el comportamiento del segmento de trabajadores con remuneraciones más bajas, debido a que sus salarios se aproximan a los que podrían aspirar los beneficiarios de estas prestaciones. Cuanto mayor sea la distancia que se considere necesaria, menor será la garantía de rentas.

Otro problema habitual en el funcionamiento de los programas relacionados con la participación laboral es cómo diseñar prestaciones que permitan compatibilizar ciertas rentas con el disfrute de la prestación. Si se aplica rígidamente el principio diferencial, todas las rentas ganadas fuera del programa se descuentan de la prestación. En este caso, la renta total de los hogares (renta bruta) no se transforma en renta disponible (renta neta). Para que se pueda traducir la renta bruta en neta, los hogares tendrían que ganar por encima de los baremos fijados en los programas asistenciales. La mayoría de los países han ido introduciendo mecanismos para permitir cierta compatibilidad de las rentas del trabajo con el cobro de la prestación, siendo ejemplos habituales dejar exenta una cantidad fija o permitir esa compatibilidad durante un período determinado.

La mayoría de los estudios disponibles coinciden en señalar que la importancia real de los dos tipos de desincentivos – trampa del desempleo y trampa de la pobreza – es muy diferente. Respecto a la primera de estas cuestiones, la mayoría de los trabajos empíricos apunta a que la baja vinculación laboral de los beneficiarios de las prestaciones asistenciales responde más a problemas estructurales que ya existían antes de que se incorporaran a los programas que a un hipotético nivel muy elevado de las cuantías pagadas.

En general, los cambios en las cuantías de las prestaciones asistenciales reducen el número de horas trabajadas, pero se trata de un efecto que – aunque estadísticamente significativo – resulta poco importante en términos cuantitativos, casi marginal. Existen, en cualquier caso, diferencias importantes entre grupos demográficos, siendo más sensibles los hogares monoparentales y, en general, los hogares con hijos de corta edad. No obstante, la evidencia comparada muestra que cuando hay una oferta suficiente de servicios públicos para atender a los menores, como en los países nórdicos, disminuye sustancialmente el problema.

Las evidencias son más significativas cuando el problema analizado es el de trampa de la pobreza. Los trabajos disponibles revelan una mayor reducción de la participación laboral cuando las prestaciones son incompatibles (o se reducen sustancialmente) si se perciben otros ingresos. A pesar de los intentos de suavizar esta restricción en varios países, no existe un diseño óptimo de las condiciones de cobro de la prestación que permita evitar este tipo de los desincentivos. En la mayoría de los esquemas sigue existiendo o un límite temporal de compatibilidad o un tope máximo de ingresos compatibles.

1.4.5. La dinámica de las políticas contra la pobreza

¿Han podido estos programas favorecer la cronificación de situaciones de dependencia? Los estudios realizados para diversos países revelan que cerca de la mitad del total de beneficiarios lleva varios años en esa situación.

La posible generación de hábitos se ha traducido en algunos países en la introducción de reformas de carácter restrictivo. Ejemplo de ello son la imposición de límites temporales más estrictos en el período de disfrute de la prestación o la imposición de mayores obligaciones a los beneficiarios.

Se alude habitualmente a la dependencia como sinónimo de necesidad prolongada (estadística) de las prestaciones asistenciales. Frente a esta interpretación existe otra que evoca la existencia de un complejo conjunto de valores sociales y culturales.

La mayor parte del gasto de estos programas la suelen absorber los beneficiarios con duraciones más largas, a pesar de que constituyen un porcentaje relativamente pequeño de todos los que en algún momento han pasado por el programa. Esta diferenciación también permite diferenciar los efectos de los cambios en las condiciones macroeconómicas sobre el análisis de las duraciones. La existencia de cambios cíclicos produce que el cuadro de beneficiarios de una etapa expansiva (mayor presencia relativa de los beneficiarios crónicos) sea distinto del de las fases de desaceleración de la actividad (mayor porcentaje de estancias de corto plazo).

La búsqueda de fórmulas para reducir la dependencia ha hecho que en varios países se generalizaran los sistemas de transferencias condicionadas a la obligatoriedad de la realización de determinadas actividades, en muchos casos orientadas al aumento de la participación laboral. En la práctica, el resultado ha sido la transformación de estos programas en una exigente prueba de comprobación de los recursos más que en el derecho real de los beneficiarios a una mayor integración en la sociedad. Ha aumentado también la diferenciación interna en los nuevos programas de lucha contra la pobreza: al reservar como objetivo de los subsidios activos sólo a los capacitados para el trabajo se ha excluido a un segmento de población con un déficit de habilidades que impide una incorporación plena al mercado laboral.

La evaluación de los resultados de las diferentes estrategias encaminadas a favorecer el tránsito desde el cobro de la prestación a la participación laboral (*welfare-to-work*) es compleja. En general, en las evaluaciones realizadas aparecen algunos efectos positivos, para los participantes en los programas y para la sociedad en su conjunto, como el aumento de las tasas de participación laboral de estos hogares. Pero también hay efectos negativos, como la falta de correspondencia entre el gasto invertido y la creación a largo plazo de puestos de trabajo y la constatación en muchos casos de un fenómeno de *creaming* o preselección de los beneficiarios con mayores posibilidades de éxito laboral. La principal consecuencia es que el sistema se burocratiza en extremo y contribuye a dejar fuera de la red protectora a algunos de los hogares más pobres y más necesitados de la intervención pública.

2. LOS PROGRAMAS DE RENTAS MÍNIMAS

2.1. Concepto y necesidad

Los programas de rentas mínimas consisten en prestaciones económicas que buscan garantizar que toda persona cuente con ingresos suficientes para vivir dignamente, al menos en niveles de subsistencia. Normalmente, no exigen cotización previa, por lo que se denominan asistenciales, frente a las contributivas. Son prestaciones condicionadas a la demostración tanto de situación de necesidad del potencial beneficiario (o/y de su familia) como de esfuerzos activos por encontrar trabajo, de una forma u otra. Tradicionalmente, aunque empieza a graduarse, estas rentas son incompatibles con otros ingresos.

Estas prestaciones tienen un amplio respaldo en la Constitución Española.

- Ya en su preámbulo "proclama su voluntad de promover el progreso de la cultura y de la economía para asegurar a todos una digna calidad de vida".
- El artículo 41 señala que "Los poderes públicos mantendrán un régimen público de Seguridad Social para todos los ciudadanos, que garantice la asistencia y prestaciones sociales suficientes ante situaciones de necesidad, especialmente en caso de desempleo."
- El artículo 50, "Los poderes públicos garantizarán, mediante pensiones adecuadas y periódicamente actualizadas, la suficiencia económica a los ciudadanos durante la tercera edad."

Es evidente que el objetivo de un programa de rentas mínimas es luchar contra la pobreza, lo que las incardina con el primero de los Objetivos de Desarrollo Sostenible (ODS). En concreto, por ejemplo, sus metas 1.2 y 1.3 son:

- Para 2030, reducir al menos a la mitad la proporción de hombres, mujeres y niños de todas las edades que viven en la pobreza en todas sus dimensiones con arreglo a las definiciones nacionales.
- Poner en práctica a nivel nacional sistemas y medidas apropiadas de protección social para todos, incluidos niveles mínimos, y, para 2030, lograr una amplia cobertura de los pobres y los vulnerables

España está lejos de recuperar los datos previos a la crisis, y más aún de cumplir el objetivo de reducción de pobreza Europa 2030: necesitaríamos reducir en 2,3 millones el número de personas en riesgo de pobreza y/o exclusión social para esa fecha.

Estos datos muestran la necesidad de políticas de lucha contra la pobreza para ser coherentes con los principios constitucionales y con los compromisos asumidos a nivel mundial y europeo. Estos datos adelantan también la constatación de que las políticas actuales distan de ser eficaces.

En realidad, la historia nos muestra que, implícitamente, nuestra sociedad ha ido aceptando la necesidad de garantizar unos ingresos mínimos a las personas que pasan por situaciones de especial necesidad.

Se parte de la idea de que la mayoría de las personas obtienen los medios que necesitan a través del trabajo y el salario que por él reciben. Pero cuando llega la jubilación, nos damos cuenta de que esas personas dejan de percibir ingresos y hay que cubrir sus mínimos vitales. Se monta así un sistema de contribuciones que dan derecho a la pensión futura. Y cuando lo cotizado es insuficiente para una pensión digna, se añade un *complemento a mínimos*. Y si no se percibe pensión por ausencia o insuficiencia de cotización, se arbitra una pensión *asistencial* para quien se encuentre en situación de necesidad. De alguna forma tenemos un sistema que ya garantiza, al menos teóricamente, una renta mínima para los mayores.

Lo mismo ocurre con los parados. Se instaura un subsidio de desempleo para quienes pierden su trabajo, se supone que para el corto periodo en que se tarda en encontrar otro. Para los parados de larga duración que se quedan sin derecho al subsidio anterior, se arbitra otro subsidio extraordinario por un plazo de tiempo, o uno asistencial cuando la necesidad es obvia. Aunque en la actualidad, desgraciadamente, una parte de la ciudanía afectada no percibe ninguna prestación.

Es decir, que tenemos admitida de hecho, una renta mínima universal para mayores y para buena parte de los parados. De alguna forma, la parte esencial del sistema de garantía de ingresos mínimos sigue presuponiendo que el pleno empleo es lo normal y que solo hace falta buscar solución para jubilados y desempleados.

De entrada, esa presunción perjudica a las mujeres - tradicionalmente excluidas en mayor medida del mercado laboral –, a los niños - en un país como España que se sitúa a la cola en ayudas familiares – y a los jóvenes que no consiguen acceder al mercado de trabajo.

Cuando el desempleo lleva décadas por encima del 8% y, en la última, entre el 15 y el 20%, porcentaje que se dobla para los jóvenes, la presunción de pleno empleo resulta especialmente engañosa.

Esta circunstancia parece agravarse con el desarrollo tecnológico. Ya es un lugar común hablar del paro que creará la robotización de la economía. Este temor acompaña a todas las revoluciones tecnológicas y la historia dice que al final el sistema se acaba adaptando. Es previsible que así sea... a largo plazo. Y a largo plazo, ya se sabe, todos muertos. Es preciso buscar soluciones a corto plazo para todo ese conjunto de personas excluidas del mercado de trabajo.

Por otro lado, parece observarse que el proceso está llevando a una creciente desigualdad y segmentación del empleo: una parte de trabajadores cualificados con estabilidad y buenos ingresos. Y otra parte condenada a la precarización, los contratos sin derechos laborales, los bajos ingresos... en suma, a la pobreza. Porque el empleo ya no es garantía de salir de la exclusión. (V., por ejemplo, COMISIÓN EUROPEA 2019). En este informe, la Comisión Europea subraya que los cambios que la economía digital están provocando en los mercados de trabajo obligan a desligar las políticas tradicionales de subsidios del viejo concepto de empleo estable.

No es de extrañar que esta evolución haya propiciado que cada vez en más foros, desde Davos al Silicon Valley, desde el Consejo de Europa al FMI, vengan a pedir la implantación de una renta básica universal que garantice un mínimo vital, antes de que el descontento social se convierta en una bomba de relojería.

La manifiesta insuficiencia de los programas de garantía de ingresos descritos, ha llevado a la sucesiva aparición de programas complementarios de todo tipo, a menudo "electoralistas". Los más generales son los que se han mencionado en las Comunidades Autónomas, de rentas mínimas con carácter general, aunque con regulaciones y cuantías diferentes. Incluso con denominaciones diversas y confusas[4], ya normativamente, ya en los debates públicos.

Este amplio y disperso panorama de programas merecerá su crítica más adelante, pero muestra cómo se viene caminando, de forma progresiva, hacia una renta mínima universal garantizada a cualquier persona en situación de necesidad. Eso sí, hasta el momento, condicionada y burocrática.

Esa evolución se refleja asimismo en el creciente consenso social en torno a la necesidad de esta garantía de ingresos mínimos. La figura 1 muestra que, de media europea, más de la mitad de la población es favorable a una renta básica. Y el porcentaje crece

[4] Algunas denominaciones utilizadas: Ayudas para la Integración en Situaciones de Emergencia Social, Ingreso de Inserción, Ingreso de Integración, Ingreso Mínimo, Ingreso Mínimo de Inserción, Ingreso Mínimo de Inserción Social, Ingreso Mínimo de Solidaridad, Ingreso Mínimo Vital, Prestación Básica Familiar, Prestación de Inserción, Renta Básica de Inserción, Renta Básica Social, Renta de Ciudadanía, Renta de Garantía De Ingresos, Renta de Inclusión, Renta de Inclusión Social, Renta de Inserción, Renta de Integración Social, Renta Garantizada de Ciudadanía, Renta Garantizada Social, Renta Mínima de Inserción, Renta Social Básica, Salario Social Básico...

hasta acercarse al 70% en favor de una renta mínima condicionada a bajos ingresos. En España, los resultados son más diferenciados: casi un ¡90%! apoya la renta mínima, aunque queda levemente por debajo del 50% la posición favorable a la renta básica.

Hay que tomarse con cautela estos resultados. Por un lado, porque la experiencia muestra que el apoyo se reduce cuando se coloca al lado el coste fiscal que podría acarrear la figura. Por otro, porque es generalizada la confusión terminológica y no todo el mundo diferencia entre rentas mínimas y renta básica de forma adecuada. Curiosamente, no llega al 50% (ni en España ni en la media europea) el porcentaje que apoya que las prestaciones económicas sean solo para las personas con rentas más bajas.

FIGURA 3. PORCENTAJE DE POBLACIÓN EN FAVOR DE CADA OPCIÓN

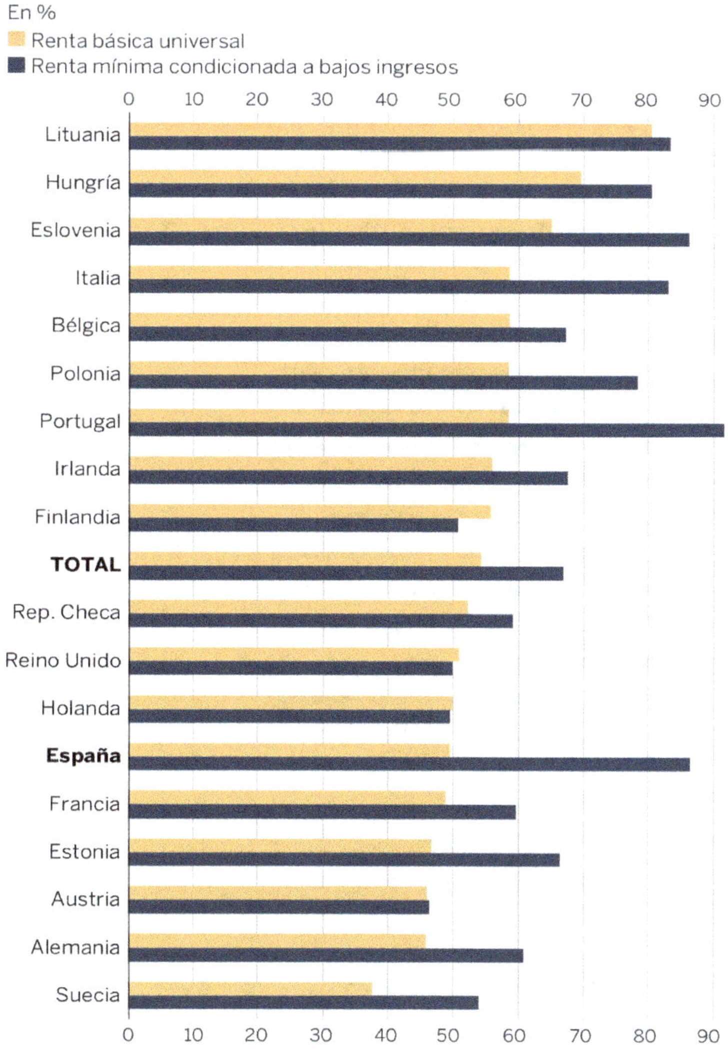

Fuente: European Social Survey (2016)

FIGURA 4. PORCENTAJE DE POBLACIÓN QUE APOYA QUE LAS PRESTACIONES ECONÓMICAS SEAN SOLO PARA LAS PERSONAS CON RENTAS MÁS BAJAS

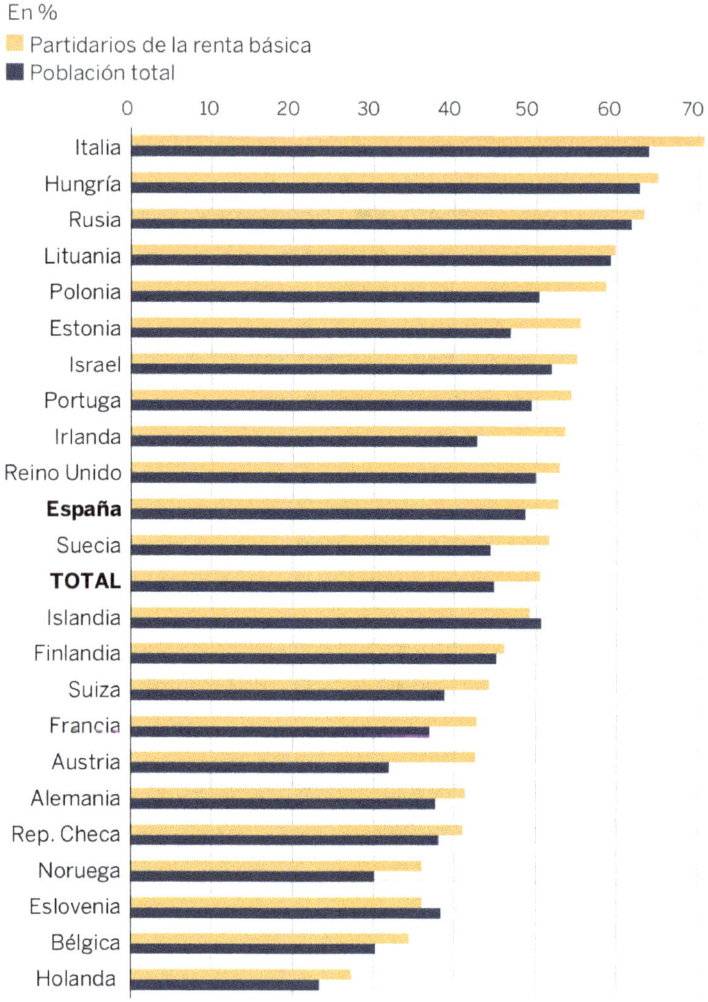

Fuente: European Social Survey (2016)

Podemos concluir, razonablemente, que parece existir un consenso elevado en favor de un sistema que garantice ingresos mínimos a la población que lo necesite. Pero que ese consenso ya no es tan claro cuando hablamos de implantar una renta básica universal.

2.2. Deficiencias de los sistemas de rentas mínimas autonómicas

2.2.1. Complejidad y heterogeneidad

Los analistas de los sistemas españoles de garantías de ingresos coinciden en que el sistema de mantenimiento de rentas está formado por una maraña de programas, orientados a distintos grupos de población, cuya fragmentación y descoordinación se traduce en ausencia de criterios distributivos homogéneos. El sistema de prestaciones existentes resultante es complejo, heterogéneo y escasamente eficaz.

El ámbito de la Administración General del Estado (AGE), como resume, por ejemplo, LUIS SANZO (2018) "a lo largo de los años ochenta, y culminando en 1990 con la legislación sobre prestaciones no contributivas, la AGE desarrolló ese modelo asistencial, destinado a proteger a quienes queden fuera del sistema contributivo general, tanto en el ámbito de la atención a la invalidez o la jubilación como, de forma más específica, en el del desempleo. Los tres pilares del modelo, luego adaptado tras la aprobación del sistema de atención a la dependencia, son las siguientes prestaciones: el subsidio asistencial de desempleo, acompañado de la creación del subsidio o renta agraria; el subsidio de garantía de ingresos mínimos de la Ley de Integración Social del Minusválido (LISMI) y las pensiones no contributivas (PNC) por invalidez y jubilación. Estas actuaciones venían a unirse a los complementos de mínimos, a las pensiones contributivas y a las prestaciones por hijo a cargo para consolidar un sistema aparentemente muy amplio de protección, complementario al sistema contributivo general de la Seguridad Social y de protección al desempleo."

En 2000 se introduce la denominada renta activa de inserción, como un programa temporal para la inserción laboral de trabajadores desempleados de larga duración, en situación de necesidad y mayores de 45 años. La crisis financiera de 2008 obligaría a diseñar un nuevo tipo de actuaciones: el Prodi, el Programa de Recualificación Profesional (Prepara) y el PAE.

"En la actualidad, - prosigue Sanzo - en la dimensión relacionada con la protección al desempleo el modelo de subsidios asistenciales de la AGE fija, desde una primera lógica de intervención ordinaria, ciertos supuestos en los que se considera conveniente cubrir la ausencia de protección contributiva: fin de la protección en personas con alguna experiencia de cotización; población trabajadora agraria de Extremadura y Andalucía; personas en edades cercanas a la jubilación; población con responsabilidades familiares; y algunos colectivos especiales, tales como la población emigrante retornada, la excarcelada o la afectada por problemas de violencia de género.

En una lógica complementaria, ya sea en relación con colectivos con dificultades estructurales de acceso al empleo (RAI) o en situaciones que se siguen valorando como coyunturales pero que se mantienen a lo largo del tiempo, dada la situación de crisis (PAE en la actualidad), el sistema AGE trata de afrontar supuestos especialmente problemáticos. Éstos se ligan a determinadas circunstancias personales que pueden requerir un apoyo a largo plazo (violencia de género, presencia de discapacidad, ciertos colectivos de mayores de 45 años) o, de forma excepcional, a emergencias asociadas a un desempleo que se prolonga más allá de lo esperado."

Por su parte, ante las insuficiencias y lagunas del sistema estatal, las Comunidades Autónomas establecen sus programas de garantía de ingresos, con la variada denominación y regulación que se ha citado. Cada Comunidad Autónoma establece para sus beneficiarios los requisitos de acceso, cuantía, duración, etc. Como regla general se exige el empadronamiento con cierta antigüedad en el territorio de la Comunidad Autónoma; carecer de recursos económicos suficientes para las necesidades básicas de la vida; haber agotado ya el acceso a todas las ayudas a las que se pudiera acudir; y aceptar las medidas de inserción laboral que se le propongan.[5]

El simple relato anterior, aún sintético e incompleto, refleja un avance a saltos con la resultante complejidad y heterogeneidad que mencionábamos.

El CES (2017, pág. 94 y ss.) resume muy bien la situación:

> "La aproximación a los distintos instrumentos de garantía de ingresos mínimos en vigor permite afirmar la inexistencia en nuestro país de un sistema propiamente dicho de garantía de rentas mínimas en situaciones de carencia o insuficiencia de recursos. Ello responde a la manera en que históricamente se han ido creando las distintas ramas de la protección, alrededor de la noción de "riesgo" ... En las pensiones y prestaciones de naturaleza no contributiva, el principal hecho causante es el mismo que da origen a la contributiva, si bien se requiere, como requisito adicional, la demostración de carencia de recursos...
>
> Esa propensión a categorizar los riesgos y el carácter subordinado de la pobreza conlleva la inevitable falta de adaptación a una realidad cambiante y la existencia de lagunas, en el momento en que surgen nuevos riesgos o variantes de los riesgos tradicionales que no estaban presentes en el momento de la configuración inicial de los derechos. Y cuando la pobreza se ha reconocido como un "riesgo" con entidad propia para ser protegido *per se* a través de transferencias económicas, lo ha hecho en el terreno de la asistencia social, competencia exclusiva de las CCAA, a

[5] El Ministerio de sanidad (Secretaría de Estado de servicios sociales e igualdad, Dirección general de servicios para la familia y la infancia) publica Informes anuales de rentas mínimas de Inserción. El último publicado (febrero 2019) se refiere al año 2017.

través de un instrumento principal (las rentas mínimas) con características, alcance, enfoque y resultados muy heterogéneos.

La diversidad de prestaciones y ayudas configura una suma de transferencias económicas de distinta índole que alcanzan a más de cinco millones de situaciones de necesidad acreditadas en cada caso con arreglo a sus diferentes requisitos."

Sin menoscabo de reconocer el efecto positivo de buena parte de estos programas, por insuficiente que resulte, reúnen unas características (como las que se analizan a continuación) que los hacen manifiestamente mejorables.

2.2.2. Ineficacia

Se supone que el objetivo principal de las rentas mínimas es el de eliminar o reducir la pobreza. Sin embargo, los estudios académicos sobre la efectividad de estos programas (v. BOLLAIN Y RAVENTÓS, 2019), muestran el escaso cumplimiento de dicho objetivo, tanto por los vaivenes de sus generalmente escasos presupuestos, como por las otras deficiencias que en seguida repasaremos. La evolución y heterogeneidad descritas poco más arriba contribuyen, sin duda, a esa carencia.

FIGURA 5. ADECUACIÓN Y COBERTURA DE LOS PROGRAMAS DE INGRESOS MÍNIMOS DE LAS CCAA.

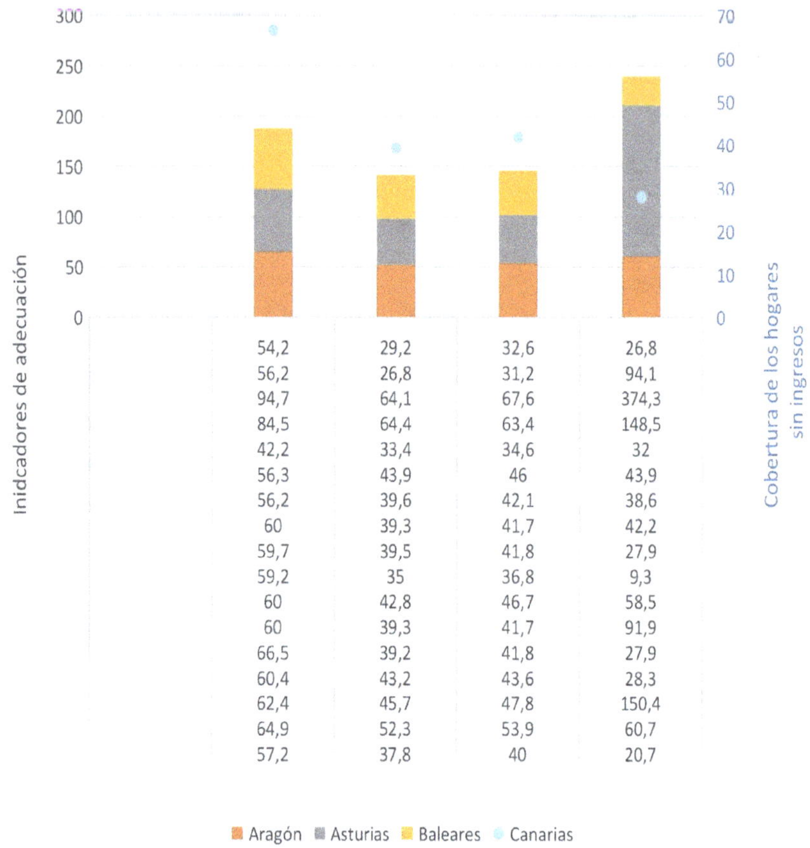

Fuente: Elaboración propia a partir de AIREF (2019).

Los datos en España confirman esa tendencia. La escasa capacidad del sistema para reducir la desigualdad de las rentas primarias es notoria, muy inferior a la de otros países, incluso varios con una renta per cápita sensiblemente inferior a la española (AYALA Y GIMENO, 2019 – figura 6).

FIGURA 6. REDUCCIÓN DEL ÍNDICE DE GINI POR LAS PRESTACIONES MONETARIAS

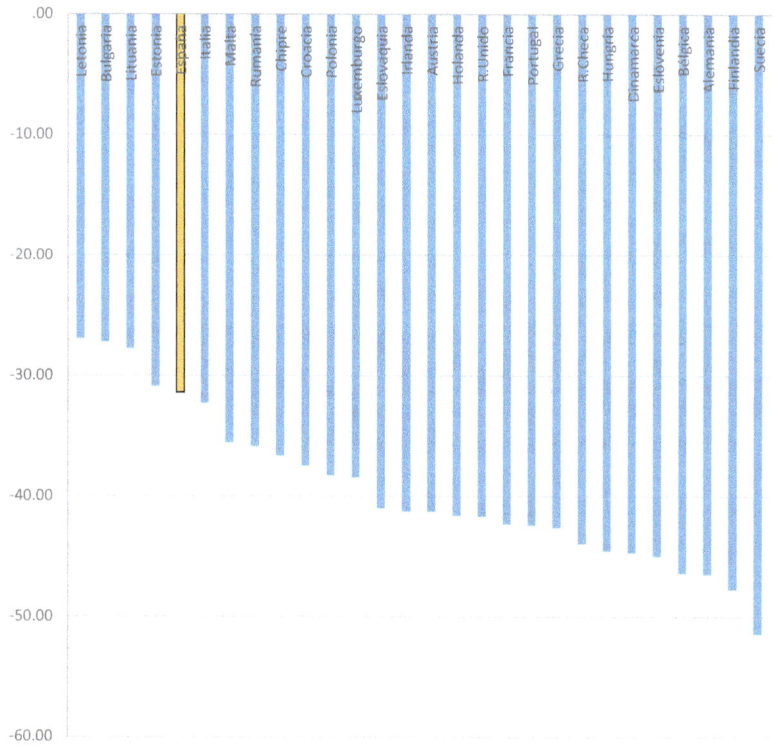

Fuente: EU-SILC (Eurostat)

2.2.3. Costes administrativos elevados

Los costes de gestión de estos programas son muy altos, tanto para la administración pública como para el propio sujeto beneficiario, sometido a farragosos controles y trámites administrativos.

La simple existencia de múltiples programas ya exige una burocracia diversificada y una complejidad notoria para los posibles perceptores. La primera dificultad para las personas en estado de necesidad es saber si su caso está previsto y cuál es la ventanilla a que debe dirigirse.

El hecho de que todos los programas sean condicionados (a situación de pobreza y a otros requisitos específicos de cada programa) exige verificar que las personas solicitantes cumplen realmente con cuanto se prevé en la normativa concreta. Una vez superada la admisión y concedida la ayuda, se mantiene el control periódico de las condiciones, con especial atención a los ingresos de la unidad familiar beneficiaria, para comprobar que se mantiene la legitimidad de acceso.

Es difícil estimar a cuánto ascienden estos costes. BOLLAIN Y RAVENTÓS (2019) calculan que pueden significar, como promedio, un 9% del presupuesto total de los programas. Pero hay otros costes conexos que pueden resultar todavía más perjudiciales que el económico descrito.

Por un lado, la enorme burocracia exigida distrae a los servicios sociales de su tarea más directa de atención a personas y colectivos necesitados. Frente a su misión y vocación de servicio, aparecen más como policías y perseguidores de los colectivos a quienes deben ayuda que como colectivo colaborador. Con la consiguiente frustración laboral y pérdida de eficacia de los propios servicios.

Por otro lado, la tarea de comprobación supone una invasión de la intimidad familiar incómoda y hasta potencialmente inconstitucional. Desde la solicitud hasta el fin de la prestación, se persigue cada detalle en la vida de todos y cada uno de los integrantes de la unidad familiar de forma agobiante.

Con razón, y este es otro de los costes indirectos, los estudios muestran que las barreras y controles burocráticos son una de las causas explicativas de que muchos de los posibles beneficiarios de este tipo de ayudas desistan de solicitarlas, o abandonen en el proceso correspondiente de acreditación de las condiciones.

2.2.4. Retraso en el disfrute de la prestación

Una lógica consecuencia de ese complejo proceso burocrático necesario para acceder a las prestaciones asistenciales y programas de rentas mínimas es el importante retraso que se produce desde el momento en que se inician los trámites de solicitud y el efectivo disfrute de la prestación, con el consiguiente efecto de desprotección temporal.

El Defensor del pueblo de Andalucía denuncia los retrasos de ocho meses de media en el acceso y percepción de la Renta Mínima de Inserción. Los sucesivos informes de EAPN (Red europea contra la pobreza) coinciden en señalar retrasos medios de entre diez y doce meses en resolver las solicitudes presentadas, con casos no infrecuentes de retrasos de hasta dieciocho meses. Aunque los datos sean dispersos, la impresión general de los expertos y los sectores relacionados con estas prestaciones son coincidentes.

2.2.5. Trampa de la pobreza

Como hemos visto, las prestaciones de garantía de rentas están condicionadas al cumplimiento de una serie de requisitos. El más habitual, es que sean incompatibles con la obtención de un empleo o de otros ingresos por cualquier vía.

Es evidente que tal condición supone un desincentivo al empleo y un estímulo a la economía sumergida. El fenómeno se ve agravado por el deterioro observado en el mercado laboral a lo largo de la última década. La precarización y generalizada y el incremento de los denominados empleos basura, han llevado a que conseguir un empleo no sea ya condición suficiente para abandonar la pobreza.

Los perceptores de subsidios se encuentran así ante una situación en que aceptar una oferta de empleo puede conllevar un empeoramiento en su situación: no solo por las molestias inherentes a un trabajo (horarios rígidos, desplazamientos, esfuerzo), sino incluso en términos estrictamente monetarios.

La condicionalidad en los subsidios empuja a los beneficiarios a caer en la trampa de la pobreza, anclándose en el subsidio. Dado el desincentivo que perder la ayuda supone a la hora de aceptar ofertas de trabajo remunerado de baja cuantía o a tiempo parcial, es fácil que renuncien o que acepten incluso más fácilmente un empleo en la economía sumergida (que no les priva del subsidio) que en la regular.

Este efecto es tan evidente, que algunas regulaciones de rentas mínimas han comenzado a flexibilizar la incompatibilidad de forma gradual, aunque manifiestamente insuficiente. Cuando el subsidio simplemente complementa la diferencia entre el salario percibido y la cuantía de aquél en ausencia de trabajo, se mantiene el desincentivo. Aún más, parece estimularse la proliferación de ofertas basura.

2.2.6. Estigmatización

La práctica totalidad de las rentas de garantía de mínimos implican el reconocimiento público de situaciones de carencia absoluta de recursos, la acreditación del estado de marginación y exclusión social. Ello supone de hecho una estigmatización social, que se ve agravada con ese tipo de discurso que carga la culpa de la pobreza sobre las personas afectadas, tachadas de vagos, ignorantes, irresponsables… Los sistemas de control arbitrados implican en sí mismos una enorme desconfianza y una aparente presunción de culpabilidad hacia quien solicita el subsidio.

De hecho, esos mecanismos de control, como se señalaba más arriba, suponen una invasión desproporcionada por parte de las Administraciones Públicas en la intimidad y las vidas de las personas y sus familias.

La obligada situación de sometimiento y, al menos subjetivamente, humillación, contribuye a una mayor estigmatización de las personas solicitantes; especialmente en poblaciones de menor tamaño, donde el proceso es conocido fácilmente por el entorno de las familias afectadas. Como ahora veremos, este es un factor que empuja a muchos beneficiarios potenciales a desistir de entrar en esa rueda.

2.2.7. Buena parte de los posibles beneficiarios no acceden a las ayudas

Ya LAPARRA Y AYALA (2009) señalaban, antes de la crisis financiera, que los salarios sociales no llegaran más que a una de cada cinco familias de la demanda potencial, estimada en un cuarto de millón de hogares. El Informe sobre rentas mínimas de EAPN (MALGESINI, 2014) recogía la opinión de los expertos que cifraba en casi un millón el número de personas vulnerables que quedaba fuera del sistema de protección. Estimaciones para la Comunidad de Madrid señalan que del total de 133.000 hogares que se encuentran en situación de pobreza severa, sólo 22.187 reciben la subvención dirigida a cubrir los mínimos vitales de una familia. Es decir, un 17% de sus potenciales destinatarios.

De nuevo, a pesar de la dispersión de datos, hay una consciencia generalizada de que los programas existentes dejan fuera a la mayor parte de sus teóricos destinatarios. Probablemente, uno de los síntomas más sangrantes de que el sistema no funciona.

Las causas explicativas son muy diversas. Algunas genéricas ya se recogieron en puntos anteriores. Según la encuesta realizada por MALGESINI (2014), las razones más presentes parecen las siguientes (ordenadas de mayor a menor porcentaje de apoyo):

- 67% - Debido a que no saben que tienen el derecho
- 61% - Debido a que no entienden los mecanismos para la presentación
- 61% - Debido a su situación de vida no les permite dar una dirección válida (falta de vivienda, viviendas de transición, los ocupantes…
- 44 % - Debido a que la documentación es muy compleja y desisten de su presentación
- 33% - Debido a que el tiempo de espera es demasiado largo

- 28% - Debido a que no conocen los mecanismos para la presentación
- 28% - Debido a que asumen que no se la van a conceder
- 22% - Por miedo al estigma social
- 11% - Porque quieren conseguir un trabajo, no una renta baja y, por lo tanto, no la piden mientras siguen buscando otras opciones…
- 11% - Debido a que no pueden encontrar consejos prácticos
- 6% - Debido a que viven lejos de la oficina tramitadora y no pueden darse el lujo de viajar para cumplir con el procedimiento formal
- 6% - Debido a que no entienden el idioma lo suficientemente bien
- 6% - Debido a que tienen un bajo o nulo nivel de educación/formación

El informe señala que, además de estas posibles explicaciones, algunas respuestas apuntaron que los padres, en general, y los extranjeros que dieron a luz en España (cuya descendencia potencialmente podría adquirir la nacionalidad española), en particular, no solicitan las Rentas Mínimas porque tienen miedo de que los Servicios Sociales les quiten a sus hijos/as.

2.2.8. Ineficiencia

El diagnóstico general es coincidente en detectar la complejidad e insuficiencia de nuestro actual "no sistema" de protección social.

El Consejo Económico y Social concluye, en su Informe sobre las Políticas públicas para combatir la pobreza en España lo siguiente: "A fin de visualizar mejor el conjunto de ayudas existentes, la elaboración del mapa completo de prestaciones sociales y subsidios de desempleo comprometido en el ámbito del diálogo social constituiría un primer paso de cara al cumplimiento del compromiso contemplado por la Ley 27/2011, de 1 de agosto, sobre Actualización, adecuación y modernización del Sistema de Seguridad Social, así como por el Plan Nacional de Inclusión Social 2013-2016 actualmente en vigor. Se trataría de abordar una reordenación integral de las prestaciones no contributivas de la Seguridad Social, con el objetivo de mejorar su cobertura, establecer con más claridad el ámbito de sus prestaciones e introducir nuevos ámbitos de protección en orden a colmar lagunas de cobertura que se detectan." (CES 2017, pág. 181)

Coincidiendo en el análisis, parece evidente que la reordenación integral de las prestaciones no contributivas no pasa por elaborar un mapa del caos existente e ir colmando lagunas para hacerlo cada día más complejo, burocrático e ineficiente.

En esa misma línea, debe reseñarse la tramitación en el Congreso de los Diputados español de la Ley de Iniciativa Legislativa Popular para establecer una Prestación de

Ingresos Mínimos en el ámbito de protección de la Seguridad Social. La iniciativa, promovida por los sindicatos CCOO y UGT, se presentó el 19 de julio de 2016 y superó el 28 de septiembre de 2017 la enmienda a la totalidad presentada por el PP, al recibir 175 votos en contra de la enmienda frente a los 167 a favor.

La prestación se definía como un derecho subjetivo, orientado a proteger a quienes se encuentran en edad laboral y queriendo trabajar carecen de empleo y de ingresos suficientes para garantizar un nivel de vida suficiente. La prestación, equivalente a un 80% del IPREM (es decir, a 426 euros al mes en el momento de presentarse), se percibiría de forma indefinida mientras se cumplan los requisitos de acceso y se mantiene la situación de carencia de ingresos.

Se configuraba como prestación no contributiva de último recurso, en el ámbito de la Seguridad Social, con financiación estatal y con cargo a la imposición general. Esta propuesta, indudablemente positiva, responde a aquel mismo esquema de análisis: rellenar lagunas del actual sistema y ligarlo al empleo.

El IMV, de alguna forma, puede considerarse una cierta respuesta a esta iniciativa.

3. EL IMV: LUCES Y SOMBRAS

3.1. Luces

El Ingreso Mínimo Vital que se ha implantado en España (Ley 19/2021, de 20 de diciembre, por la que se establece el ingreso mínimo vital) era una medida necesaria y urgente. Podemos agrupar las razones justificativas de tal afirmación en cinco puntos, en buena medida apuntados más arriba para justificar los programas de rentas mínimas.

3.1.1. Porque lo exige la dignidad social

La Constitución señala como objetivo básico asegurar a todos una digna calidad de vida. Podemos discutir qué se entiende por "dignidad de vida". Imaginamos un cierto consenso en que debemos asegurar que nadie viva en la pobreza severa: en una sociedad como la nuestra, es intolerable (moral y socialmente) que haya hogares pasando hambre y sin sus necesidades básicas cubiertas.

Los Objetivos de Desarrollo Sostenible (ODS), fijados por Naciones Unidas con consenso universal, fijan la reducción de la pobreza como primer objetivo, y se concreta en metas como "reducir al menos a la mitad la proporción de hombres, mujeres y niños y niñas de todas las edades que viven en la pobreza en todas sus dimensiones con arreglo a las definiciones nacionales… poner en práctica a nivel nacional sistemas y medidas apropiadas de protección social para todos y lograr una amplia cobertura de los pobres y los más vulnerables" de forma que se garantice que "todos los hombres y mujeres, en particular los pobres y los más vulnerables, tengan los mismos derechos a los recursos económicos, así como acceso a los servicios básicos".

También el Pilar social europeo es muy claro en esa dirección: "Toda persona que carezca de re- cursos suficientes tiene derecho a unas prestaciones de renta mínima adecuadas que garanticen una vida digna a lo largo de todas las etapas de la vida, así como el acceso a bienes y servicios de capacitación". Como señala la AIREF (2019, p.35), "la construcción de una última malla de seguridad económica para los ciudadanos que han agotado el derecho a otros recursos constituye uno de los rasgos distintivos de los Estados de bienestar europeos. En prácticamente todos los países de la Unión europea existe una última prestación que trata de cubrir el riesgo general de insuficiencia o ausencia de ingresos, ya sea por la falta de acceso a otras prestaciones cuando se carece de un empleo o por haberse agotado el derecho a otros recursos. Aunque el diseño actual de estas prestaciones responde a motivaciones muy diversas, su objetivo básico es rebajar la incidencia de la pobreza a través del mantenimiento de un nivel suficiente de ingresos regulares."

FIGURA 7. CUANTÍAS DE ALGUNAS RENTAS MÍNIMAS EN EUROPA

Alemania	430 a 1.200 €
Austria	Variable a 1.425 €
Dinamarca	476 a 2.035 €
Finlandia	400 a 1.250 €
Francia	550 a 1.050 €
Grecia	250 a 500 €
Italia	500 a 900 €
Luxemburgo	1.000 a 2.000 €
Polonia	200 a 557 €
Reino Unido	¿a 1.176 €
República Checa	220 a 500 €

Una persona adulta a hogar de dos adultos y dos menores.
Fuente: Estimación propia a partir de diversas fuentes.

Como vemos, el IMV no es ninguna medida novedosa o revolucionaria. Está generalizada en Europa y, desde hace años, también en España. Todas las Comunidades Autónomas tenían programas de rentas mínimas con denominaciones y características muy diversas.

Como veremos, el sistema es manifiestamente mejorable. Pero solo desde la crispación política y la actitud de oposición por sistema pueden entenderse las fuertes descalificaciones que acompañaron el anuncio de la intención gubernamental.

FIGURA 8. CUANTÍAS MENSUALES (2015) OBSERVADAS DE LOS PROGRAMAS DE INGRESOS MÍNIMOS DE LAS CCAA EN RELACIÓN CON IPREM Y SMI.

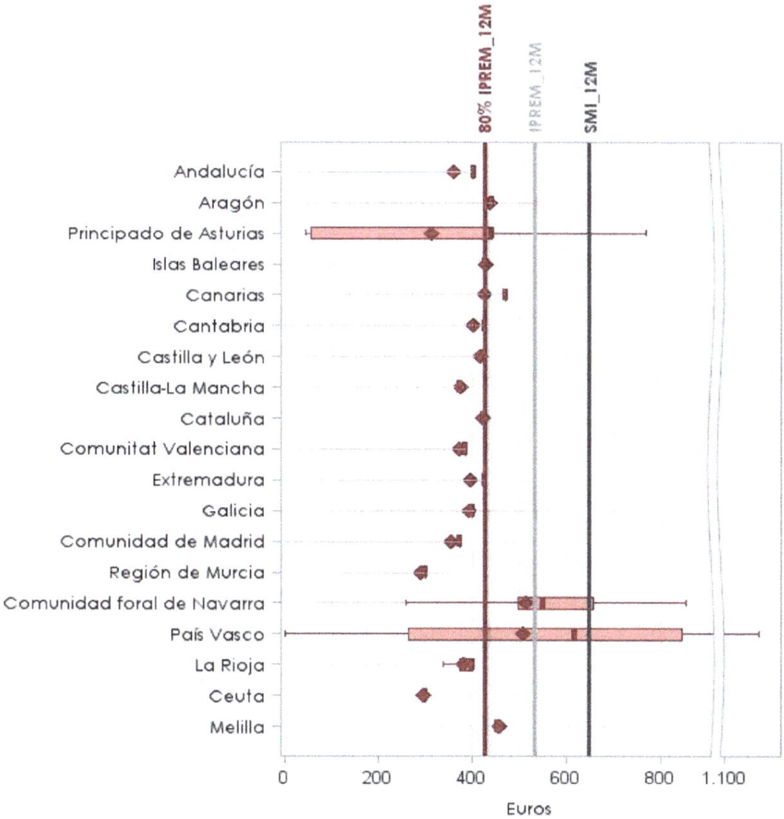

Fuente: Airef (2019), p. 16.

Europa y España entienden que una renta mínima garantizada es un derecho consolidado de ciudanía, inherente a la dignidad de las personas. Con muchas diferencias, eso sí, en cuantía, características y programas complementarios.

No puede asegurarse que la motivación sea la sensibilidad social, desgraciadamente ausente en tantas políticas española y europeas, de los últimos años. Es posible que muchos decisores políticos hayan actuado más por egoísmo que por solidaridad. Es sabido que la pobreza y la exclusión social provocan graves daños a la cohesión de una sociedad y menor crecimiento y que, tanto más cuanto más graves, son fuente potencial de desórdenes y de mayor delincuencia. Las élites pueden apoyar estas políticas como válvula de seguridad del sistema, para evitar que un exceso de descontento ponga en peligro el sistema mismo.

3.1.2. Porque los límites tolerables de la pobreza y la desigualdad se han sobrepasado

Ya hemos señalado los datos elevados de pobreza y exclusión social en España, lejos de recuperar los datos previos a la crisis de 2008, y más aún de cumplir el objetivo de reducción de pobreza Europa 2020. Ostentamos posiciones de cabeza en cuanto al mayor crecimiento de desigualdad de la OCDE y en menor protección a las familias.

El 1% de la población española concentra más riqueza que el 70% de las familias con menos recursos y trabajar dejó de ser garantía de abandonar la pobreza desde hace años.

El Informe del Relator Especial sobre la extrema pobreza y los derechos humanos en España (NACIONES UNIDAS - 2020) es demoledor: "La economía española, cuarta de la Unión Europea, ha experimentado un crecimiento constante desde la crisis, propiciando una disminución del desempleo y un aumento de los salarios y las exportaciones. Sin embargo, la recuperación ha beneficiado principalmente al estrato más rico de la sociedad y, en gran medida, los poderes públicos han fallado a las personas que viven en la pobreza.

Como consecuencia de ello sigue habiendo situaciones de gran pobreza muy extendidas, una alta tasa de desempleo, una situación de desempleo juvenil crónico, una crisis de vivienda de enormes proporciones, programas de protección social muy insuficientes, un sistema educativo segregado y cada vez más anacrónico, políticas tributarias y de gasto que favorecen mucho más a las clases acomodadas que a las pobres, y una mentalidad burocrática que permite a las autoridades eludir su responsabilidad y valora más el formalismo que el bienestar de las personas. Resulta más que evidente que el sistema de prestación de asistencia social está roto, no se financia adecuadamente, es imposible no perderse en él y no llega a las personas que más lo necesitan".

El COVID-19, y las restricciones que ha conllevado, han venido a agravar súbitamente la situación. OXFAM - INTERMON (2020) estima que esta crisis provocará que el decil más pobre de la población pierda más de ocho veces la renta que pierde el decil con mayores ingresos y un aumento de la desigualdad de la renta. Teniendo en cuenta las estimaciones de caída del PIB y el aumento del desempleo, el número de personas pobres en España pudo aumentar en más de 700.000 personas, con casi dos puntos de incremento del porcentaje de población en riesgo de pobreza o exclusión social.

Con estos datos, era necesaria y urgente una medida que intentara paliar esa situación de miles de hogares en gravísima necesidad.

3.1.3. Porque el nuevo escenario económico y tecnológico lo hace imprescindible

Este panorama de pobreza y desempleo tiene visos de prolongarse en el tiempo. No estaríamos ante una crisis coyuntural de la que vaya a salirse fácilmente. Aunque superemos la pandemia y ello permita una cierta recuperación de la actividad económica, hay factores estructurales que vienen avisando de una etapa del mercado de trabajo muy complicada, con niveles crecientes de desempleo y dualidad consolidada.

Los cambios tecnológicos están provocando la sustitución creciente de mano de obra por máquinas inteligentes en todos los sectores. Esta revolución parece llamada a provocar el crecimiento del desempleo, de las desigualdades y la pobreza, dificultades para mantener la demanda global, ralentización del crecimiento…

Es cierto que este pesimismo acompañó los inicios de anteriores revoluciones económicas y que, en todos los casos, a medio plazo se produjo el necesario reajuste para recuperar la senda del empleo y el crecimiento. Pero ahora tenemos varios factores que pueden suponer resultados diferentes. Por un lado, en los ejemplos históricos se destruían empleos de baja cualificación, pero se creaban otros nuevos donde esas personas desplazadas encontraban fácil acomodo. Lo que caracteriza a esta revolución tecnológica es que los nuevos empleos son extremadamente divergentes:

- requieren capacitaciones radicalmente diferentes de las que vienen a sustituir, por lo que no cabe un fácil trasvase a la "nueva economía" de los expulsados de la "vieja economía".
- se crean múltiples empleos de ínfima cualificación, las más de las veces acompañados de contrataciones precarias, cuando no fraudulentas, con grave deterioro de derechos y garantías laborales.

Se consolidan así tendencias que ya venían apareciendo en los últimos años como la *dualización* del mercado de trabajo y la precarización creciente de gran número de empleos. Cada vez es más frecuente la circunstancia de que tener empleo no garantice salir de situaciones de pobreza y exclusión social.

La COMISIÓN EUROPEA (2019) subraya que los cambios que la economía digital están provocando en los mercados de trabajo obligan a desligar las políticas tradicionales de subsidios del viejo concepto de empleo estable.

Por otro lado, no podemos ignorar que estamos en una situación de emergencia climática que está obligando a revisar muchos de los fundamentos en los que se basaba el crecimiento. La inevitable transición energética es probable que implique también cambios estructurales que lleven aparejados ajustes en el empleo, tanto cualitativos como cualitativos.

En todo caso, el pleno empleo tal como lo conocimos es muy posible que tarde décadas en volver y lo hará en formas diferentes. Es previsible que a largo plazo los mercados se reajusten y puedan recuperarse niveles de empleo y condiciones de trabajo aceptables. Pero ese largo plazo puede ser muy largo y quienes sufran la exclusión durante ese tiempo necesitan una respuesta rápida.

3.1.4. Porque hay consenso social

Ante las situaciones de necesidad, hemos visto como las sociedades más avanzadas han ido consolidado paulatinamente un sistema general de garantía de rentas. De alguna forma, tenemos un conjunto de políticas que pretende garantizar a todos los hogares una renta mínima garantizada, aunque con grandes deficiencias. En cualquier caso, esa evolución demuestra que, en sociedades como la nuestra, se considera normal buscar soluciones para quienes tiene problemas de supervivencia.

Ese consenso social se refleja asimismo en las encuestas disponibles, según se ha recogido en capítulos anteriores. En media europea, más de la mitad de la población es favorable a una renta básica. Y el porcentaje crece hasta acercarse al 70% en favor de una renta mínima condicionada a bajos ingresos. En España, los resultados son más diferenciados: casi un 90% apoya la renta mínima, aunque queda levemente por debajo del 50% la posición favorable a la renta básica.

Más concreto y próximo en el tiempo es el sondeo realizado en la primavera de 2020 por el CIS, referido expresamente a la posible implantación del IMV anunciada por el Gobierno a raíz de la crisis del coronavirus: a favor 83,4%; en contra 12,4%. Tan aplastante mayoría favorable explica posiblemente que finalmente el Pleno del Congreso apoyara con 297 votos a favor, 52 abstenciones y ningún voto en contra la convalidación del Real Decreto-Ley que regula esa renta mínima.

3.1.5. Porque el sistema vigente de rentas mínimas era ineficaz

Tenemos un sistema deslavazado y complejo que, además, no cumple con su misión redistributiva. España se mantiene año tras año como uno de los países con mayor desigualdad en la distribución personal de la renta, sólo superada por Bulgaria, Lituania y Letonia, países con menor nivel de renta y Estados de bienestar menos desarrollados.

Esta posición se mantiene en el tiempo, lo que invita a pensar en factores estructurales. Uno de ellos, sin duda, es tanto el menor esfuerzo en gasto social como la menor capacidad que tiene éste para reducir la desigualdad. En el caso de las prestaciones monetarias, como vimos, la capacidad del sistema para reducir la desigualdad de las rentas primarias es muy inferior a la de otros países, incluso varios con una renta per cápita sensiblemente inferior a la española. De nuevo, España se incluye en un grupo de países con los que tiene muy poca afinidad económica, geográfica e institucional. Una parte muy importante, además, de este efecto se debe a las pensiones, siendo mucho más limitado el efecto de otras prestaciones monetarias.

Por todas las razones que hemos repasado, parece incontestable que era necesario y conveniente incorporar a nuestro ordenamiento el IMV, que ha de calificarse como un avance positivo. Se reconoce la prestación como derecho subjetivo incorporado al catálogo de prestaciones no contributivas de la Seguridad Social. Se ha consolidado la renta mínima como un derecho, desarbolando a los grupos opuestos y a los políticos timoratos, que tuvieron que rendirse ante la presión social favorable.

Lo que no impide reconocer que este IMV presenta sombras evidentes. Aunque la mayor parte de ellas sean comunes a todas las políticas de rentas mínimas condicionadas.

3.2. Muchas sombras

El primer problema es que el IMV (en general, todo el sistema de rentas mínimas) deja fuera a demasiadas personas. Como hemos visto, la parte esencial del sistema de garantía de ingresos mínimos sigue presuponiendo que el pleno empleo es lo normal y que solo hace falta buscar solución para jubilados y desempleados. De entrada, esa presunción perjudica a las mujeres - tradicionalmente excluidas en mayor medida del mercado laboral –, a los niños - en un país como España que se sitúa a la cola en ayudas familiares – y a los jóvenes que no consiguen acceder al mercado de trabajo.

Quedan fuera de protección, también, los eternos invisibles, tan excluidos que ni están en las encuestas, ni tienen cuentas, ni, por supuesto, internet. Y muchas situaciones que no cumplen las complejas condiciones fijadas para tener derecho a la prestación, pero están en situación de necesidad. Se han señalado, a modo de ejemplo, hogares que el año anterior llegaban al mínimo, pero que en el contexto de la COVID-19 han generado ingresos bajos o nulos. O los casos de las unidades familiares que tienen un ingreso aparentemente suficiente en términos nominales (y superior a los máximos fijados), pero que poseen un volumen elevado de deudas originadas por el desempleo o la caída de ingresos

Quedarán fuera también todas las personas con ingresos superiores a los marcados como requisito para generar el derecho: los ingresos mensuales máximos deben ser menores a 462 euros en el caso de una persona adulta que viva sola y se incrementan otros 139 euros más al mes por cada persona adicional, adulta o menor, que conviva en la unidad de convivencia hasta un máximo de 1.015 euros al mes.

Puede parecer obvio que hay que fijar alguna frontera, especialmente si queremos que llegue a los realmente necesitados. Pero no es tanto que se caiga una vez más en el error de salto habitual en estas prestaciones. Si ganas 463 euros y vives solo te quedas fuera. Y una pareja con tres hijos y una renta de 1.016 euros al mes, también queda fuera. Cualquier sistema justo de prestaciones ha de montarse de forma decreciente, o provocará resultados absurdos como los descritos.

Dejar fuera a las personas que superan por poco los mínimos que permiten acceder a los subsidios pero que están sufriendo las sucesivas crisis es injusto pero, además, socialmente grave. Se margina a una clase media baja (y no tan baja), que está pasando graves apuros económicos y que tiene la justificada sensación de soportar la mayor parte de la recaudación tributaria, en un sistema fiscal injusto que recae desproporcionadamente sobre el trabajo asalariado. Se está abonando así la desafección de amplias capas de la población respecto al estado de bienestar, la solidaridad social y el propio sistema democrático.[6]

Desde el feminismo siempre se ha criticado el frecuente agrupamiento por hogares de las prestaciones monetarias. También el IMV toma los hogares como unidad de referencia. Es cierto que el cálculo por hogares aporta una mejor aproximación a las necesidades reales. Tanto porque la presencia de menores a cargo o personas dependientes incrementa las necesidades, como porque existen economías de escala. No obstante, es importante que la asignación se reparta de forma individual entre "cabezas de familia". Sin perjuicio de facilitar la vida independiente de las personas con discapacidad y la

[6] Es cierto (MARTÍN CARRETERO - 2019) que otras prestaciones, como las pensiones, operan en sentido opuesto – favorecen más a las clases medias que a los más necesitados – pero no sucede así con las rentas mínimas ni otras prestaciones asistenciales. En cualquier caso, no evitan el problema del error de salto ni la percepción subjetiva dominante como la descrita.

emancipación de los jóvenes. Se respeta de esta forma la igualdad, frente al tradicional monopolio del varón en la pareja convencional y otras concepciones paternalistas. Tendremos que volver sobre ello.

Una pregunta que nos hacíamos ante la introducción el IMV era cómo se armonizaría con los programas de garantía de rentas de las comunidades autónomas. El artículo 41 de la Constitución habilita un ingreso mínimo vital a cargo de la Seguridad Social, que garantice un suelo igual para cualquier persona.

Pero es imprescindible que se coordine el sistema con las CCAA, para evitar duplicidades y despilfarros, para ganar eficiencia, para garantizar una efectiva igualdad en contextos con costes de la vida diferentes y la atención a colectivos y necesidades especiales. Ese acuerdo es especialmente relevante en el caso de las Comunidades Forales, País vasco y Navarra, donde más y mejor se han desarrollado los sistemas de rentas mínimas. De hecho, fue de ellas de donde surgió la presión para coordinar la gestión y, hasta el momento, las únicas que habían firmado un protocolo de gestión conjunta.

Evidentemente, la urgencia y rapidez de la medida puede servir como atenuante, pero la celeridad con que se aceptó esa entrada en la gestión muestra que, probablemente, habría sido fácil alcanzar un acuerdo previo. También los Ayuntamientos estarían llamados a complementar, además, el acompañamiento hacia el empleo que corresponda. Desgraciadamente, en los primeros meses de aplicación, son muy pocos los que han firmado acuerdos en tal sentido.

Como era previsible, el IMV ha encontrado un obstáculo decisivo: la burocracia. Son de sobra conocidos los problemas que está arrastrando la aplicación del IMV, hasta el punto de que lo que era una medida de éxito ya es para algunos un fracaso. Y en parte lo es cuando las personas necesitadas no lo están recibiendo, muchos están quedando fuera de antemano por no poder superar esa barrera y la mayoría de los beneficiarios finales recibe el subsidio con notable retraso.

Las revisiones anuales han venido a añadir situaciones de caos, retrasos y desagradables sorpresas. Muchas personas beneficiadas se han visto repentinamente requeridas a devolver cuantías que les resultan inabordables.

Desgraciadamente, ese problema es prácticamente inherente a los programas de rentas condicionadas. El hecho de exigir el cumplimiento de una serie de requisitos implica la necesidad de una solicitud previa, de un acopio de papeles, de un esfuerzo de comprensión... que son barreras infranqueables para muchas personas. En la práctica, quedan fuera de este tipo de prestaciones la mayoría de los potenciales beneficiarios. Es desolador que, en los 4 primeros meses, solo el 1% de los potenciales destinatarios se había beneficiado del programa.

Las trabas burocráticas aparecen, efectivamente, como la principal razón explicativa de que en todas las prestaciones destinadas a personas en situación de riesgo de pobreza o exclusión queden fuera porcentajes elevadísimos de los potenciales beneficiarios

Al mismo tiempo, comprobar esos requisitos exige un fuerte aparato burocrático, unos costes desproporcionados respecto al propio presupuesto del programa y un grave retraso en la percepción efectiva de la prestación, como estamos comprobando. Un entramado que, además, se sustenta en la profunda desconfianza respecto a los más necesitados. Se gastan probablemente más recursos en perseguir posibles abusos que el gasto que estos pueden suponer. Condenamos a los servicios sociales a dedicar más tiempo a tareas de control que a la atención a las necesidades reales de los colectivos necesitados.

Resultan significativos los esfuerzos de cada Consejo de ministros por extender prestaciones para diversos colectivos que se están quedando fuera del sistema de ayudas. Cada mes se aprobaba una nueva extensión.

Evitar los costes burocráticos excesivos es un objetivo deseable en cualquier medida, pero más ahora: la burocracia es una de las causas de que muchas personas se retraigan, las ayudas no lleguen a quienes lo necesitan o/y lo hagan con enormes retrasos. Ante el aluvión de solicitudes, resulta negativa la demanda inatendida por colapso administrativo. Lo más eficiente sería una renta (básica) incondicionada y automática.

No debería ser incompatible con otros ingresos, para evitar *la trampa de la pobreza* que generan las prestaciones actuales. Lo fácil, como horizonte, sería entregar *a priori* una renta automática, incondicionada y universal, e ir recuperando progresivamente vía retenciones del IRPF. Igual, o mejor, resultado, pero gestión más eficiente.

Pero tampoco podemos ligar la prestación al empleo según se ha hecho hasta ahora. De nuevo, por varias razones que, en buena medida han sido ya apuntadas más arriba.

- Diseñar un sistema de protección tan solo para quienes no tienen acceso al empleo presupone una situación global, normal, de pleno empleo. ¿Qué ocurre cuando el pleno empleo se convierte en una característica extraordinaria en nuestra economía? En los momentos considerados de gran expansión, el suelo de desempleo se situaba prácticamente en el 8%.

En los próximos años, los pronósticos no son muy optimistas. El progreso de la inteligencia artificial, la robotización y una economía *financiarizada* y tecnológica amenazan con la destrucción de millones de puestos de trabajo tradicionales. Ya se ha señalado que una parte de los nuevos empleos que se crean requieren una especialización que no está al alcance de los desplazados de la "vieja economía". Y que buena parte de los empleos no especializados que se requieren tienen todas las características de trabajo basura, precarios, sin protección social, parciales y mal remunerados; trabajadores que con su empleo no consiguen salir de la situación de pobreza y exclusión social.

El pronosticado equilibrio a largo plazo, debemos insistir, no nos exime de buscar protección en el corto plazo a quien tiene necesidad. Las políticas de garantía de rentas existen precisamente para corregir las situaciones existentes de exclusión social, mientras, idealmente, se solucionan los problemas estructurales que causan esas situaciones.

Más aún cuando ese nuevo equilibrio que se adivina promete una desigualdad mucho mayor que la que hemos conocido y una probable situación de pobreza creciente, afectando quizás a más de la mitad de la población.

Esa nueva perspectiva obliga a pensar en una renta garantizada universal... sin que ello suponga dejar de luchar por el pleno empleo y por un empleo digno para toda la población. Ni son ni pueden ser objetivos incompatibles.

- Diseñar un sistema de protección tan solo para quienes no tienen acceso al empleo supone, como se ha señalado, una discriminación para mujeres, niños y jóvenes. ¿Tendremos que montar programas especiales para mujeres, niños y jóvenes? ¿No es más sensato diseñar directamente un sistema de acceso universal?
- Por último, y no menos importante: ¿qué empleos consideramos? Porque en esa concepción dominante, la que liga prestaciones y empleo, solo tomamos en cuenta el trabajo remunerado, el que pasa por el mercado y se corresponde con una retribución. Ello supone ignorar muchísimas horas de trabajos no remunerados, que contribuyen sustancialmente al bienestar general e, incluso, son absolutamente imprescindibles para la reproducción del sistema. Todo el trabajo de cuidados, de generación y conservación de la vida; todos los trabajos de voluntariado, de trabajo desinteresado en favor de las más diversas causas; todas las tareas dedicadas a la creación artística al crecimiento personal, sin retribución monetaria...

Hay muchísimo trabajo que no mide el PIB, sin el cual el bienestar social sería no menor, sino imposible. Hay muchísimo trabajo que hay que reivindicar como tan importante y necesitado de valoración y protección como el convencionalmente considerado como tal.

La revisión que nuestro sistema necesita no puede seguir anclada ni al empleo ni a situaciones específicas de necesidad. La idea de ir generando una medida protectora para todas y cada una de las sucesivas situaciones de necesidad que vamos detectando supone repetir el mismo error que nos ha traído hasta aquí. Hemos ido arbitrando un seguro para cada situación de riesgo y eso lleva inevitablemente a la complejidad, a la burocracia, a la ineficacia y a la ineficiencia.

Estaríamos en una situación equiparable a la de Sísifo: empujando perpetuamente un peñasco gigante montaña arriba hasta la cima, sólo para darnos cuenta de que hay que volver hasta el valle, para empujar una nueva piedra hasta la cumbre, y así indefinidamente. Porque siempre encontraremos lagunas no cubiertas, colectivos no asistidos, situaciones no previstas. A base de parches jamás lograremos cubrir la gama infinita de posibles situaciones personales y familiares.

El Consejo Europeo ha adaptaba el 30 de enero de 2023 una Recomendación sobre Rentas Mínimas. Según la Recomendación Europea, los objetivos para 2030 deberían ser:

- Ingresos y apoyos suficientes: el IMV debe combinarse con otras ayudas y prestaciones esenciales que permitan superar el umbral de riesgo de pobreza. Se deben garantizar, entre otros, el acceso a la vivienda y servicios esenciales como la energía y hacerlo teniendo en cuenta las situaciones individuales.
- Simplificación administrativa en los procesos de tramitación, de forma que no pasen más de 30 días entre la solicitud y la resolución. El sistema ha de ser transparente, simple, rápido e imparcial, dando siempre la posibilidad de apelar.
- Apoyo a la activación: el Consejo insiste en que es necesario combinar percepciones por ingreso mínimo con ingresos por empleo para incentivar la activación y conseguir que el trabajo "salga a cuenta" (*make work pay*).
- Evitar la fragmentación y ofrecer apoyos integrados: los sistemas de apoyo deben ser coherentes y funcionar de forma coordinada con participación de las administraciones de distintos niveles, y la implicación de las entidades de economía social y las entidades del Tercer Sector. Todo ello mejorando los sistemas de información, seguimiento y evaluación.

Es necesaria una revisión y mejora de nuestro IMV. La única forma de cubrir todos los supuestos de necesidad es diseñar una figura que, directamente, defina a sus beneficiarios de forma universal: solo una renta mínima universal garantiza la cobertura total.

Por todo ello, es necesaria efectivamente una reordenación integral de las prestaciones no contributivas de la Seguridad Social, como pide el CES. Pero solamente será eficaz si es universal, incondicionada y desligada del empleo. Es hora, pues, de hablar de la renta básica.

4. EL SALTO A LA RENTA BÁSICA CON UN IMV AUTOMÁTICO

4.1. Una solución más eficiente

Los fallos y deficiencias observadas en los programas de prestaciones asistenciales y rentas mínimas han llevado a un número creciente de autores y agentes sociales a proponer la implantación de una renta básica de ciudadanía, sustitutoria de esa lista de programas compleja e ineficiente.

Desgraciadamente, esos problemas son prácticamente inherentes a los programas de rentas condicionadas. El resultado: los sistemas de rentas mínimas condicionadas son ineficaces e ineficientes. No llegan a quienes debería llegar, no corrigen apenas la pobreza ni la desigualdad, cuestan muchos recursos y son extremadamente complejos.

Frente a tales problemas, surge como solución la propuesta de una Renta Básica Universal (RBU): una asignación monetaria pública incondicionada y universal, garantizada por tanto para cualquier ciudadano, sin contrapartida ni compromiso alguno y con independencia de las circunstancias personales o de otros recursos y de la situación laboral o familiar.

La misma idea recibe a veces otras denominaciones, según lugares, como "Renta de ciudadanía", "Ingreso Ciudadano", "Subsidio Universal Garantizado" ... En inglés el término Basic *Income* es el dominante.

La renta básica comparte con la renta mínima el objetivo de garantizar a toda la ciudadanía y en cualquier caso unos ingresos de subsistencia. La diferencia fundamental es que aquella es incondicionada, no necesita ni solicitud, ni control administrativo y es compatible con otros ingresos sin restricción, frente a la incompatibilidad, total o parcial, de las rentas mínimas.

Algunos de los rasgos básicos, que iremos matizando, de las propuestas de renta básica serían:

1. La renta básica sustituye e integra a todo subsidio personal preexistente (en principio, no contributivos) de cualquier administración pública, siempre que sea de nivel igual o inferior al que se fije para esta renta básica. Esto incluye tanto las transferencias explícitas (transferencias monetarias) como las implícitas (bene-

ficios fiscales de carácter personal). No viene a sumarse a las prestaciones existentes, sino que absorbe todas las de tipo asistencial y una parte de otros beneficios.

2. La renta básica no debe afectar a las prestaciones "en especie" ligadas al Estado de bienestar, como educación y sanidad, ni siquiera a la red de asistencia social. La renta básica busca, entre otros objetivos, simplificar la maraña existente de subsidios, pero no puede entenderse como un pretexto para reducir los derechos de acceso a bienes preferentes básicos como los citados.
3. La renta básica es percibida por todo ciudadano mayor de edad con residencia permanente, con los matices que se verán. Los menores de edad tendrían también derecho, pero a una prestación menor (en el entorno del 30%), que recibiría quien tuviera tutela sobre ellos.
4. La renta básica se percibe de forma automática, sin necesidad de solicitud ni justificación previas y es compatible con cualquier otro ingreso.
5. La renta básica no está sujeta a tributación directa alguna, si bien permitirá, como regla general, gravar desde el inicio cualquier otro ingreso.

A partir del IMV es muy fácil el salto a esa idea simplificadora: transformarlo en automático e incondicionado. Pasaríamos del Ingreso Mínimo Vital (IMV) al Ingreso Mínimo Vital Automático (el IMVA).

FIGURA 9: EL IMVA FRENTE AL IMV	
IMV	**IMVA**
• condicionado	• incondicionado
• requiere solicitud y aprobación	• automático
• retrasos	• previo a la necesidad
• burocracia	• gestión mínima
• se resiente con otro ingreso	• compatible con otro ingreso
• calificación de pobreza	• innecesaria
• error de salto	• progresividad
Elaboración propia	

Es fácil comprobar (figura 9) que todas y cada una de las deficiencias señaladas en relación con el sistema de garantía de rentas imperante en España se solucionarían con esta solución automática e incondicional para cualquier persona con el derecho reconocido legalmente, sin requisitos previos ni incompatibilidad con otros ingresos.

- Frente a complejidad y heterogeneidad, unidad y simplicidad: todo el actual conjunto de medidas dispersas se sustituye por un único instrumento claro, transparente, sin requisitos, universal y uniforme.
- Frente a ineficacia, eficacia y eficiencia: el carácter universal garantiza la práctica solución de la pobreza extrema y un alivio importante - dependiendo, naturalmente, de su cuantía – de la pobreza relativa.
- Frente a costes administrativos elevados, burocracia mínima. Con carácter general, no es necesario presentar solicitud ni documentación acreditativa de condiciones inexistentes. Por el lado de la administración, tampoco es necesario dedicar recursos ni tiempo a verificación alguna ni a control o inspección. La gestión cotidiana se inscribe en el normal funcionamiento de la Seguridad Social. Serían necesarios algunos esfuerzos, sobre todo iniciales, para integrar a los colectivos en exclusión social extrema y, en ciertos casos, un reducido control del paso de la condición de menor a la de adulto y de no residente a residente. Y poco más.
- Frente al retraso en el disfrute de la prestación, automatismo. La renta básica no espera a que se produzca el estado de necesidad, sino que se adelanta y garantiza la prestación ex ante.
- Frente a la trampa de la pobreza, compatibilidad. La renta básica no se pierde por el hecho de percibir otros ingresos. Con ello, desaparece un importante desincentivo a aceptar ofertas de trabajo y es menor el atractivo del trabajo sumergido. Con un sistema de renta básica, el desincentivo al esfuerzo será siempre menor que con los sistemas actuales.
- Frente a estigmatización, derecho de ciudadanía. La renta básica no exige demostrar la situación de necesidad, no implica "desnudarse" ante el aparato administrativo, no necesita ninguna calificación. La renta básica es percibida por toda persona en situación de igualdad, sin distinción alguna de entrada. Es un derecho que puede recibirse con orgullo, sin sensación alguna de humillación social.
- Frente al hecho de que buena parte de los posibles beneficiarios no acceden a las ayudas, universalidad. Si examinamos los motivos explicativos de la situación de no acceso a las prestaciones aun existiendo el derecho, prácticamente todos ellos desaparecen (o se reducen sustancialmente) en un sistema con renta básica universal. Prácticamente, solo colectivos en grave situación de exclusión social podrían tener problemas de incorporación en el corto plazo. Probablemente, los servicios sociales, liberados de la actual burocracia de rentas mínimas, podrían reducir sustancialmente el número de personas afectadas por esa falta de cobertura. En todo caso, no cabe duda de que el porcentaje bajaría radicalmente.

Es obvio que no todo pueden ser ventajas y solo ventajas. Si así fuera, extrañaría no ver su generalizada aplicación. Veamos algunos de los inconvenientes que suelen aducirse para oponerse a la implantación de una renta básica.

4.2. Los problemas

4.2.1. Empleo y salarios

Para algunas personas, las dudas sobre la renta básica nacen del mismo concepto. Se cuestionan precisamente la universalidad y la incondicionalidad de la prestación. La renta básica, se dice, erosionaría los valores cívicos y democráticos y dañaría el prestigio de la educación y del esfuerzo; la sociedad perdería la aportación de muchas personas válidas.

Este tipo de temores parte del supuesto, impensable salvo con una renta básica tan generosa que resultaría inviable, de que el efecto reducción de trabajo sería significativo. Los indicios conocidos parecen alejar ese peligro.

¿Supondrá la percepción de una renta garantizada universal y sin condiciones que buena parte de la población opte por salir del mercado de trabajo? La literatura que defiende el posible incentivo perverso de los subsidios de garantía de renta sustenta el razonamiento fundamentalmente en la ya mencionada trampa de la pobreza, por el hecho de que encontrar trabajo implica perder el subsidio.

Pero ya ha debido quedar claro que precisamente la renta básica elimina ese problema. Al no perderse la renta básica por la existencia de nuevos ingresos, estos resultan marginalmente más atractivos puesto que son adicionales y no alternativos. Por lo tanto, supone una mejora evidente respecto a los subsidios actuales.

La experiencia muestra que la obtención de una renta no desestimula obtener ingresos adicionales. Las horas extraordinarias son un claro ejemplo. Por otro lado, una cuantía de renta básica en línea con las actuales de rentas asistenciales (en el entorno de los 500 euros mensuales para una persona adulta), difícilmente puede considerarse disuasoria y suficiente.

En el fondo, este mismo temor se ha manifestado de siempre en relación, por ejemplo, con los subsidios de desempleo. Desde la completa revisión de DANZIGER ET AL. (1981) a BEN-SHALOM ET AL. (2011) o MUÑOZ DE BUSTILLO Y ANTÓN (2013), constatan que no existe una correlación decisiva entre los diversos sistemas de prestaciones sociales y la oferta de trabajo, sino que hay que prestar atención a otros muchos factores económicos e institucionales.

Para estimar los efectos, podríamos también estudiar las conclusiones de las diversas experiencias realizadas en muy diversas zonas y con muy distintas condiciones, o citar los resultados de algunas simulaciones econométricas (v. VAN PARIJS Y VANDERVOGHT, 2017, 190 y ss.). En unas y otros parece observarse una leve caída de participación en el mercado de trabajo y una reducción de promedio de horas trabajadas.

Hay que destacar que los modelos teóricos son más pesimistas en sus previsiones que las que se han observado en la realidad. Pero los datos más negativos se sitúan en un 5% de caída. En un país como el nuestro, estancado en altos niveles de desempleo y que no ha bajado del 8% desde hace décadas, incluso ese impacto debería importarnos poco.

¿Podría la renta básica provocar una reducción de salarios? Las empresas, conociendo que ya existe esa renta garantizada, podrán aprovechar para reducir los salarios en la confianza de que más trabajadores podrían aceptar esas ofertas. Es difícil predecir ese posible efecto. En principio, la experiencia parece mostrar que el trabajador subsidiado tiene más margen para ser selectivo y no aceptar trabajos especialmente poco adecuados o atractivos.

Respecto a las negociaciones de condiciones laborales, la renta básica actúa como una caja de resistencia que puede potenciar la capacidad negociadora de los sindicatos. La existencia de un salario mínimo y, en su caso, una legislación laboral adecuada, pueden suponer un cuadro general poco propicio a que se produzca ese descenso temido de salarios.

Precisamente se argumenta que la renta básica puede ser un instrumento eficaz contra la propia existencia de los "trabajo basura", pues quien percibe una renta básica puede más fácilmente exigir unas condiciones mínimas razonables. Por el lado opuesto, se teme que los trabajos desagradables o/y poco remunerados, lejos de desaparecer, pasarían a ser realizados por personas que no posean la ciudadanía, por quienes no puedan recibir el subsidio por cualquier motivo.

Efectivamente, como veremos, una renta básica nunca podrá ser ni completamente universal ni absolutamente incondicionada. Las minorías excluidas seguirán probablemente en esta situación de riesgo de exclusión laboral. Corresponderá a la normativa e inspección laboral la prevención y a los servicios sociales la posible corrección a posteriori. Una vez más, la renta básica no puede ser la solución a problemas generales que requieren sus propias políticas.

En sentido inverso, la posibilidad de ofrecer contratos de retribución por debajo de mercado puede servir de incentivo para la oferta de trabajos sociales poco "rentables". Organizaciones con fines de interés social, poco comercial, que no pueden contratar porque los costes salariales de mercado resultan inviables, podrían contar con personas con vocación social que, complementados por la renta básica, más fácilmente podrían aceptar esas condiciones laborales.

Las experiencias disponibles se han extendido por todo el mundo y todo tipo de países, con resultados abrumadoramente positivos. Admitiendo la precaución de que se trata de experimentos, con las evidentes limitaciones que ello implica, coinciden en que no hay efectos significativos sobre búsqueda de empleo y sí un leve aumento del emprendimiento. Cuando se observa alguna leve reducción de tiempo de trabajo, lo es en empleos remunerados, pero con aumento del tiempo dedicado a otros empleos como cuidados, voluntariado o aficiones artísticas. Lo que nos llevaría a otro debate importante: qué entendemos por trabajo socialmente útil y cómo medimos el bienestar.

También se ha observado un incremento del autoempleo y el emprendimiento. De alguna forma, la renta básica actúa como un impulso inicial de garantía de ingresos hasta tanto la nueva actividad alcance su madurez y rentabilidad esperada.

Desde el mundo sindical se teme que la introducción de la renta básica suponga el abandono dc las políticas de pleno empleo, amortiguado el descontento social del desempleo por esta vía. En esa misma línea se mueven las propuestas de empleo garantizado como alternativas a la renta básica. Sin entrar en valoraciones del coste de financiación de unas u otras medidas, basta con remitir a las reflexiones anteriores sobre los problemas de ligar políticas contra la pobreza y empleo, en el corto y en el largo plazo. En todo caso, hay que insistir una y otra vez, la renta básica es necesariamente compatible con otras políticas que actúen sobre las raíces de las desigualdades.

Es curioso el hecho de que cuando se manifiesta este temor en las encuestas, a la pregunta de si ante una renta básica de escasa cuantía (como la mayoría de las propuestas que se barajan) se dejaría de trabajar, la casi totalidad de las personas encuestadas contestan que no de forma rotunda.

Por todo ello, no cabe esperar un efecto grave sobre la oferta de trabajo. Quizás se avanzaría hacia un mejor reparto del trabajo existente - por cuanto que una pequeña parte de los trabajadores podrían desear horarios más reducidos - y hacia una mejor adecuación de habilidades personales y puesto de trabajo - al permitir un margen mayor de libertad a cada persona -.

¿Vamos a estar pagando con nuestro trabajo a los vagos? Sabiendo que ese supuesto afectaría a una pequeña minoría, la primera reflexión es que en situaciones de pleno empleo quizás pudiera discutirse; pero existiendo altos índices de desempleo, posibilitar una "selección natural" de los parados supondría previsiblemente un incremento de la productividad y mayores facilidades para esa mayoría que busca empleo desesperadamente.

Resulta chocante de que los controles exigidos para la percepción de ayudas sociales tengan un escrutinio y control más exhaustivo que cualquier otra transferencia, casi diríamos que cualquier otro gasto público. Probablemente gastamos más en intentar dejar fuera de subsidios al vago (con dudoso éxito) que lo que nos costaría pagarles directamente una renta básica.

Además, como dicen VAN PARIJS Y VANDERVOGHT (2017, pág. 139) "la principal inquietud sobre la situación actual no debería ser que algunas personas se salgan con la suya y no trabajen nada, sino más bien que innumerables personas que hacen muchísimo trabajo esencial terminan sin tener un ingreso propio".

4.2.2. ¿Vamos a estar pagando un subsidio de igual cuantía al pobre que al millonario y sin condición alguna?

Actualmente, los ricos reciben ya una renta básica que a nadie parece molestar en el IRPF. El mínimo personal y familiar supone de hecho un subsidio universal para cuantos hacen su declaración de la renta, pues ven reducida automáticamente su cuota tributaria. Además, nuestro IRPF incluye un mínimo personal y familiar a todos los contribuyentes... que hacen la declaración. Es decir, una renta básica incondicional y universal que llega fundamentalmente a quienes no pueden ser calificados como socialmente excluidos.

Tal beneficio no solo no tiene contestación, sino que es reconocido como lógico. Parece que se considera justo que se dé a los ricos una cantidad por los gastos mínimos que se suponen de supervivencia. O sea, una renta básica.

Evidentemente, la implantación de una renta básica supondría algunas medidas complementarias para hacerla financieramente viable. Se suprimirían las prestaciones asistenciales y otras prestaciones y beneficios familiares como el descrito del IRPF. Y, de una forma u otra, se recuperaría parte del gasto en la renta básica a través de alguna forma de mayor presión sobre quienes tienen más capacidad de pago. Estudiaremos más tarde en detalle cómo podría funcionar el sistema. Pero resulta evidente que el resultado final implicaría una mejora para la gran mayoría de la población... a costa de un incremento de la tributación soportada por los más ricos.

Sea cual sea la fórmula, la consecuencia neta es que la renta básica sería percibida íntegramente por las personas y hogares con menor nivel de renta y parcialmente por parte de la población con menor necesidad, con un resultado global nulo o negativo para los de niveles superiores de renta o riqueza. Es decir que, de facto, los ricos no solo no ganarían, sino que perderían con la implantación de una renta básica.

Además, las situaciones personales son cambiantes. Una persona, una familia, puede encontrarse en una situación económicamente desahogada en un momento y encontrarse en grave situación de necesidad por un cambio repentino en sus condiciones laborales, personales, empresariales... Les excluimos de ayudas porque parecen no necesitarlas, pero cuando llega la necesidad de forma repentina, en vez de recibir ayuda les condenamos a encaminarse al laberinto burocrático con la esperanza de que quizá dentro de un año reciban lo que necesitan. Por ello, la renta básica opta por la ayuda ex ante, y por corregir a posteriori en función de cuál sea la situación efectiva en cada momento.

Aun admitiendo que el derecho se reconozca tanto al rico como al excluido, se criticaría que una medida tan cara no se centre tan solo en quien la necesita. Ya se ha dicho que, en su aplicación, esto no es realmente así. En los ajustes de financiación necesaria, el resultado neto será que reciben la ayuda del subsidio quienes realmente lo necesitan y que el beneficio va disminuyendo según aumenta la renta de cada persona, hasta conllevar incluso un pago superior a lo recibido para quienes se encuentran en el estado superior de la escala de poder adquisitivo.

Al final el resultado sería el mismo que con una renta mínima que funcionara correctamente: beneficiarían tan solo a quien lo necesitara. Ello supondría un sistema mucho más sencillo y eficiente de prestaciones contra la pobreza y financieramente sostenible.

Es falso, igualmente, que se reciba a cambio de nada: esas prestaciones se reciben a cambio de nuestros impuestos. El primer deber unido al disfrute de nuestros derechos es pagar impuestos, que son su garantía. Los derechos básicos están asegurados por la mera condición de ciudadanía. ¿Acaso la educación y la sanidad pública se reconocen solo a los pobres o a cambio de algo? Son derechos universales, reconocidos a toda la población y fundamentalmente incondicionados.

La renta básica es un seguro que el Estado reconoce a toda la ciudadanía: usted pague sus impuestos y a cambio, entre todos sus derechos, le garantizamos que recibirá una renta mínima que le ayude a vivir con dignidad cuando lo necesite. Si le sobreviene la necesidad por sorpresa, el colchón está colocado de antemano para amortiguar su caída.

La experiencia, como hemos visto, es que exigir ciertas condiciones para recibir el subsidio solo supone retrasos, burocracia, exclusión... La causa fundamental del fracaso relativo de los programas de rentas mínimas se encuentra precisamente en la condicionalidad.

4.2.3. Atraerá inmigración, provocará inflación y es financieramente inviable.

Un temor comprensible y digno de atención iría unido a la posibilidad de que una renta básica indiscriminada pudiera provocar un fuerte efecto llamada de la inmigración, de ciudadanos en situación de pobreza en otros países que se trasladaran a España en busca de una renta segura. Este efecto sería especialmente temible entre ciudadanos con facilidad de movimientos dentro de la Unión Europea.

Evidentemente, las políticas de inmigración son ajenas a la renta básica. Pero sería esconder la cabeza no tener en cuenta este posible efecto. Entre otras razones, porque, de producirse, incrementaría peligrosamente los costes del programa.

Los estudios sobre movimiento migratorios coinciden en que el efecto llamada fundamental se produce por diferencias llamativas entre el nivel de bienestar entre el lugar de destino y el de origen. JOFRE-MONSENY (2013) repasa diversos trabajos que han analizado la incidencia de los programas sociales en los flujos migratorios y la gran mayoría de ellos parecen ratificar que los efectos no suelen ser muy relevantes. Pero hay excepciones que sí encuentran un efecto atracción importante cuando existen diferencias importantes en los beneficios sociales entre países (DE GIORGI Y PELLIZZARI, 2009) o regiones colindantes (FIVA, 2009).

Es general, los programas de rentas mínimas y las propuestas de renta básica exigen algún tiempo de residencia previa para tener derecho. Como señalan VAN PARIJS Y VANDERVOGHT, (2017, pág. 288) no será posible prescindir de alguna versión de estrategia excluyente, aunque suponga la distorsión laboral en la franja de los empleos basura y la injusticia de que personas en igual situación tengan derechos diferentes.

Será muy importante definir adecuadamente cuándo surge el derecho a la prestación. Lo normal será ligarlo a la residencia permanente de larga duración, que tiene ya unos determinados requisitos y controles previos que evitan un control específico para la renta básica.

Otra conclusión es que la cuantía de la renta, desde esta perspectiva, no debe ser alta si se quiere reducir el peligro de que el incentivo a la migración resulte relevante.

Ya sabemos que hay quienes quieren presentarla como carísima e imposible de financiar. Pero eso no es cierto. Aceptemos la cuantía individual del IMV como punto de partida. Veremos que con las prestaciones existentes que resultan absorbidas y el propio aumento de recaudación que podría generarse por incrementos en el consumo, tendríamos recursos para una renta básica que llegara a casi al 30% de los hogares. Basta, por tanto, con recuperar de forma progresiva (evitemos el error de salto) ese 50% a través de retenciones adaptadas en el IRPF. Los hogares de las primeras decilas no devolverían nada (recibirían neto el 100%). Las retenciones progresivamente crecientes dejarían una renta básica decreciente según el nivel de renta y permitirían reducir el coste hasta la cuantía deseable. Sin perjuicio de la necesaria reforma fiscal que busque una financiación global más justa de nuestros servicios públicos. Lo veremos con detalle en otro capítulo.

El peligro de provocar una fuerte inflación, pronostican algunos, junto a sus efectos negativos habituales, acabaría erosionando el poder adquisitivo de la propia renta básica. Subrayar tal amenaza parece imaginar que la renta básica llega como una lluvia de miles millones de euros que provoca un empujón brutal a la demanda. No será tal. La renta básica sustituirá en buena parte de sus perceptores, a otros subsidios ya existentes y con incrementos de escasa cuantía.

Es cierto que se producirá una redistribución de estratos de población con mayores ingresos a otros con menores. Dado que estos últimos tienen una mayor propensión marginal a consumir, cabe esperar un incremento de la demanda interior, aunque muy inferior al que vaticinan los temerosos del impacto inflacionista. Ello puede considerarse positivo por lo que supone de estabilizador automático en tiempos de crisis.

El actual proceso inflacionista, sabemos que se debe mucho más a factores de oferta que de demanda. La ayuda monetaria a los niveles bajos de renta podría entender entonces como una compensación al deterioro sufrido por la inflación existente, mucho más eficaz que algunas de las medidas sucesivas que se vienen tomando en esa dirección. Medidas que, en buen número de casos no acaban de funcionar precisamente por condicionantes burocráticos.

4.2.4. Efectos sociales colaterales

Algunos detractores de la renta básica señalan que mejor sería dedicar esos recursos a otros objetivos como educación o inversiones generadoras de empleo. Aunque dependerá de cuantías y formas de financiación, es obvio que los recursos que se destinen a este programa, como a cualquier otro, tendrán su correspondiente coste de oportunidad.

En la versión más conservadora (sustituir simplemente los programas actuales) ese coste de oportunidad sería irrelevante porque el cambio equivale a una gestión más eficiente de los mismos recursos.

Pero es probable que la implantación de la renta básica implique alguna dotación adicional respecto a lo que actualmente se dedica a políticas de sostenimiento de rentas. Corresponde a los representantes políticos de la ciudadanía decidir las prioridades. En función de ellas se fijará la cuantía adecuada y, si fuera necesaria, la forma de financiar aquello que superase las partidas absorbidas. Pero conviene recordar que en ningún caso la renta básica debe ir en detrimento de las actuales prestaciones del Estado de bienestar y que es necesariamente compatible con otras políticas que persigan el pleno empleo.

Esta es quizás una de las razones por las que, habitualmente, la renta básica no ha despertado especiales simpatías en ambientes sindicales. Los sindicatos apoyan sin problemas programas de rentas mínimas, pero siempre condicionadas y relacionadas con el empleo. Sin embargo, parecen más bien contrarios a una renta básica incondicionada y automática. Puede verse el debate, con temores y ventajas, en VAN PARIJS Y VANDERVOGHT (2017, pgs.226 y ss.), así como en la (más falsa que real) controversia con los defensores del "trabajo garantizado". Sorprenden esas dudas sindicales cuando una renta básica parece fortalecer el poder de negociación, proporciona un fondo de resistencia y favorece la revisión de las condiciones de los trabajos más penosos.

Cabe suponer que las dudas se relacionen con el temor a la desaparición del pleno empleo, o a la puesta en peligro de los sistemas de Estado de bienestar, o a la disminución del propio poder sindical. Pero todos esos temores se relacionan más con la evolución del capitalismo financiero y tecnológico que con la propia renta básica. De hecho, muchos de los recientes defensores de ésta señalan que esa evolución de la economía hace especialmente necesaria la implantación de una renta básica.

Algunas feministas temen que esa renta básica consolide el papel de la mujer encargada de los cuidados y de la casa, al disponer ya de una pequeña renta. También puede encontrarse un resumen del debate en VAN PARIJS Y VANDERVOGHT (2017, pgs.240 y ss.). Evidentemente, el problema de la igualdad de género no va a solucionarse ni con la renta básica ni sin ella, sino por otras acciones y políticas. Pero no es menos cierto que una renta que centra el derecho en las personas y no en las familias, otorga a las mujeres un mayor poder que cuando se canaliza a través del "cabeza de familia". Y es mayoritaria la idea de que esa renta reconocida directamente a la mujer incrementa sus grados de libertad respecto a la ausencia del subsidio.

Junto a estos temores de costes indirectos, también hay que resaltar los múltiples beneficios colaterales que pueden acompañar a la implantación de un programa de renta básica. Prácticamente todas las experimentaciones coinciden en resaltar una serie de mejoras observadas en las poblaciones afectadas: se estimula la creación de empresas y el autoempleo, disminuyen sustancialmente las tasas de absentismo escolar, se reducen inequívocamente el estrés y las enfermedades sicológicas, desciende la demanda de asistencia médica, bajan también a menudo las tasas de delincuencia... En suma, aumenta sustancialmente el bienestar personal, más allá de los datos meramente económicos.

Resulta especialmente llamativo el reciente experimento finlandés, que algunos presentaron como un fracaso porque "no ha servido para impulsar el empleo entre sus beneficiarios". Recordemos que el pronóstico descalificante es que caerá el empleo y que ningún defensor de la renta básica esgrime como ventaja que se vaya a incrementar. Nadie puede presentar la renta básica como impulsora de empleos. Aunque algunos se empeñen en culpar a los parados, dependerá más de la situación del mercado de trabajo que de la voluntad de cada trabajador.

Volviendo al programa finlandés, se dijo al presentar los primeros datos: "Los beneficiarios de la prestación mostraron una percepción claramente mejor de su bienestar en comparación con el grupo de control, refiriendo menos problemas de estrés y de salud, así como expresando una mayor confianza respecto de su futuro y oportunidades". ¿No es esto en sí mismo un enorme efecto positivo, suficiente para defender la renta básica?

Es más difícilmente medible, pero es probable que la renta básica favorezca también, a la vista de los efectos observados, una mayor atención a valores diferentes que el puro lucro y el consumo desaforado.

Se acusa a la renta básica de que no es más que un parche, que no soluciona la mayoría de los problemas, que no hay que abandonar el objetivo del pleno empleo, que es mejor solucionar las causas y no las consecuencias de la pobreza y la desigualdad. Desde el inicio se ha reconocido que hay que trabajar sobre las causas de la desigualdad y la exclusión social.

Pero mientras se consiguen objetivos más ambiciosos hay que dar respuesta urgente y eficaz a las personas en riesgo de exclusión social. Y una medida global de renta básica viene a superar las políticas actuales que, esas sí, son parches sucesivos que intentan rellenar los múltiples huecos que quedan sin cubrir.

Ya sabemos que no hay experiencia. Todos los avances tienen una primera vez y pocos hay que dispongan de tantos y tan variadas pruebas previas, todas positivas.

Tras el debate del IMV sabemos que una renta mínima garantizada es un derecho sin marcha atrás. Su aplicación y la experiencia nos han mostrado que su funcionamiento (como el de cualquier renta condicionada) es deficiente. Parece evidente que hay que dar el salto a la renta básica y que lo que procede ahora ya es el debate del cómo, para que el cuándo sea lo antes posible.

Tenemos que llegar a soluciones sobre aspectos manifiestamente mejorables del IMV, que la premura de su implantación no ha posibilitado. Entre ellos, por ejemplo, mejorar el tratamiento de los jóvenes o la coordinación con Comunidades Autónomas y las rentas mínimas preexistentes; o la posible cooperación de ayuntamientos y organizaciones del Tercer Sector.

Estos debates no son fáciles porque están cargados de apriorismos. En ambos extremos del espectro ideológico hay quienes se cierran en banda a cualquier posibilidad para la implantación de la renta básica. Para unos es una propuesta comunista, para otros ultraliberal. Ni una cosa ni la otra. Pero, aunque así fuera, ¿seremos capaces de admitir que hasta nuestros contrarios pueden tener de vez en cuando alguna idea aceptable? Utilicemos argumentos, no adjetivos descalificadores, y avancemos rápidamente hacia una medida que ya resulta imparable. Sin perjuicio de otros muchos debates paralelos (justicia fiscal, pensiones, mercado de trabajo, …) que son igualmente necesarios.

Del análisis efectuado, parece desprenderse que una renta automática e incondicionada que favoreciera fundamentalmente a las personas de menores recursos y en riesgo de exclusión social, y de forma decreciente, al resto de la población, es una política más eficaz y eficiente para luchar contra la pobreza que la maraña de políticas existentes. Por ello, es recomendable su implementación.

Podemos concluir este capítulo con unas palabras de Van Parijs (entrevista publicada en Sin Permiso 07/04/2019): "Para el futuro inmediato, abogamos por una "renta básica parcial", es decir, una renta básica individual, universal y libre de obligaciones... Por encima de este suelo absolutamente seguro, alguna gente tendría derecho a una asistencia social condicionada reforzada, cuyo nivel podría variar a lo largo del país, y también, por supuesto, a las prestaciones de seguros sociales ligadas a los ingresos. No se aboliría la trampa de la pobreza, pero se reduciría de modo significativo. Y la prestación la podría utilizar la gente como subsidio que les ayudara a su empleo asalariado o autoempleo. Pero en términos de poder de negociación y de potencial emancipatorio, hay todo un mundo de diferencia entre una renta modesta a la que tienes derecho pase lo que pase y otra a lo que tú o tu patrón sólo tenéis derecho si aceptas que te metan en un trabajo repugnante, y que pierdes si decides dejarlo".

6. LAS CONDICIONES DE IMPLANTACIÓN DEL IMVA

6.1. Un paso necesario

En el estado presente, por tanto, la fórmula más sencilla y coherente de mejorar el actual IMV es dar el salto hacia una estructura automática que lo asemeje a una renta básica, como hemos visto, la solución más eficiente para conseguir los mismos objetivos.

El IMVA podría articularse junto a un impuesto negativo sobre la renta (INR) que serviría de ajuste de la prestación a la situación efectiva de cada persona, así como para la financiación complementaria que necesitara el sistema de seguridad social.

La prestación sería así una "retención negativa" equivalente a la renta básica, reconocida de forma automática a toda persona residente en España con edad comprendida entre los 18 y los 65 años, con las concreciones y matices que vamos a ir viendo a continuación.

Simultáneamente, el INR iría practicando una retención impositiva (semejante y paralela a la del IRPF) en todas las rentas, de forma que, progresivamente y sin "error de salto" la cuantía neta efectiva de la prestación se fuera ajustando según el nivel de ingresos de cada persona.

El resultado neto supondría el cobro automático del IMV en su importe íntegro para las personas con menores ingresos y mayor riesgo de exclusión social, y en cuantía decreciente según los ingresos fueran reduciendo ese riesgo y, en consecuencia, haciendo menos necesaria la ayuda. A partir de un cierto nivel de ingresos, la retención sería equivalente a la propia prestación (es decir, no se recibiría nada por el IMV por no ser ya necesario).

Para las rentas más elevadas, el saldo neto del INR sería positivo, es decir, irían pagando por el impuesto una cifra algo mayor a la prestación recibida como IMVA aunque, en todo caso, como veremos, no supondría una cuantía especialmente relevante ni en términos absolutos ni, especialmente, relativos.

Como destacan AERTS ET AL. (2023), las condiciones y circunstancias de la implantación de una renta básica universal afectan decisivamente en sus resultados. Por ello, es importante profundizar en la reflexión sobre detalles concretos de aplicación, sobre los que el debate ha sido hasta el momento escaso, incluso inexistente.

La descripción y análisis del "nuevo" Ingreso Mínimo Vital Automático puede hacerse siguiendo el hilo de la regulación del actual IMV, comprobando en qué parte seguiría invariada, en qué aspectos las previsiones pasan a ser innecesarias y dónde es precisa alguna adaptación. Lógicamente, la mayor atención estará en el posible debate en torno a este último bloque.

6.2. Objeto y ámbito subjetivo de aplicación

El objeto del IMVA seguiría siendo el mismo[7]: *la regulación del ingreso mínimo vital como prestación dirigida a prevenir el riesgo de pobreza y exclusión social de las personas que vivan solas o integradas en una unidad de convivencia, cuando se encuentren en una situación de vulnerabilidad por carecer de recursos económicos suficientes para la cobertura de sus necesidades básicas.*

Podría añadirse su consideración de derecho básico de ciudadanía.

También se mantiene la consideración del ingreso mínimo vital como *parte de la acción protectora del sistema de la Seguridad Social, como prestación económica en su modalidad no contributiva, en desarrollo del artículo 41 de la Constitución Española.* Será necesario reflexionar más adelante respecto a la necesaria coordinación que pueda establecerse con las comunidades autónomas en el ejercicio de sus competencias, una de las lagunas más evidentes del IMV.

Igualmente se conserva la calificación de *intransferible: no podrá ofrecerse en garantía de obligaciones, ni ser objeto de cesión total o parcial, compensación o descuento, retención o embargo, salvo en los supuestos y con los límites previstos en la ley.*

A partir de estas iniciales características coincidentes, empiezan a surgir los matices.

El IMV dice *garantizar un nivel mínimo de renta mediante la cobertura de la diferencia existente entre la suma de los recursos económicos de cualquier naturaleza de que disponga la persona beneficiaria individual o, en su caso, los integrantes de una unidad de convivencia, y la cuantía de renta garantizada para cada supuesto.* Más adelante se añade que es requisito para la consideración de integrante de la unidad de convivencia la residencia efectiva, legal y continuada en España.

[7] Los textos en cursiva de este capítulo reproducen, mientras no se señale otra cosa, artículos de la Ley 19/2021, de 20 de diciembre, por la que se establece el ingreso mínimo vital.

Esta definición tiene tres partes. La última de ellas, que quizás debiera ser la primera, es la exigencia de residencia en España que parece necesario mantener como elemental medida de prudencia, según se analizó más arriba en relación con un potencial "efecto llamada".[8]

Las previsiones fijadas respecto a la residencia en la ley del IMV pueden considerarse perfectamente aplicables. Salvo que han de evitarse los requisitos de aportación de datos, como el empadronamiento, que la Administración ya conoce.

Las otras dos requieren una reflexión más detallada: la definición como "*diferencia existente entre la suma de los recursos económicos de cualquier naturaleza de que disponga la persona beneficiaria y la cuantía de renta garantizada*" será matizada en el momento en que analicemos los aspectos financieros. Tal como se avanzaba poco más arriba, la concepción del IMVA es aquí diferente a la del IMV (aunque quizás no lo sea tanto en los resultados finales). Ahora sería mejor hacer la definición a la inversa: se garantiza una renta de forma automática, sin perjuicio de su devolución, igualmente automática, parcial, total o superior, cuando así se derive de la capacidad de pago real de la persona.

Interesante resulta la reflexión sobre la elección entre persona beneficiaria individual o integrantes de una unidad de convivencia. El IMV se articula diferenciando según el beneficiario sea individual o pertenezca a una unidad de convivencia, en este caso, atendiendo a su estructura y características específicas. De alguna forma, es la unidad de convivencia y no la persona el sujeto efectivo de la prestación.

La ley considera unidad de convivencia la constituida por todas las personas que residan en un mismo domicilio y que estén unidas entre sí por vínculo matrimonial, como pareja de hecho o por vínculo hasta el segundo grado de consanguinidad, afinidad, adopción, y otras personas con las que convivan en virtud de guarda con fines de adopción o acogimiento familiar permanente.

---

[8] La ley exige *tener residencia legal y efectiva en España y haberla tenido de forma continuada e ininterrumpida durante al menos el año inmediatamente anterior. No se exigirá este plazo respecto de:*
1.º Los menores incorporados a la unidad de convivencia por nacimiento, adopción, reagrupación familiar de hijos e hijas, guarda con fines de adopción o acogimiento familiar permanente.
2.º Las personas víctimas de trata de seres humanos y de explotación sexual.
3.º Las mujeres víctimas de violencia de género.
A efectos del mantenimiento del derecho a esta prestación, se entenderá que una persona tiene su residencia habitual en España aun cuando haya tenido estancias en el extranjero, siempre que estas no superen los noventa días naturales a lo largo de cada año natural. o cuando la ausencia del territorio español esté motivada por causas de enfermedad debidamente justificadas.

Esta opción se inserta en la tradición dominante en los países mediterráneos calificada como "familista" (MINGIONE Y BENASSI, 2019 recogen la amplia tradición italiana al respecto) o "familiarista" (ESPING-ANDERSEN, 2008).

En la Europa meridional se asume que los hogares son los principales responsables del bienestar de sus miembros y, por tanto, se considera cubierta la protección con que uno de los miembros de la familia tenga los ingresos necesarios para mantenerla. De esta forma, como veremos de nuevo más adelante, la prestación se ve condicionada por la situación de todos los miembros de la familia y su cuantía se calcula en función de la composición de la unidad de convivencia.

Una ventaja es que esta opción supone un menor coste global por cuanto la prestación de cada integrante de la unidad familiar va disminuyendo en función del tamaño por consideración de las "economías de escala" en el consumo. Estas son evidentes y, por tanto, puede considerarse una solución justa. Como veremos más adelante, las cuantías del IMV se ajustan según este criterio (y otros complementarios).

Pero esta perspectiva tiene algunos inconvenientes importantes. Esping-Andersen (2008, pg. 33) señala que "*el efecto más visible es un retroceso de la oferta de trabajo del lado femenino, sobre todo en las mujeres con bajos niveles de educación*". Y de ahí se derivan, entre otros, la pérdida de crecimiento para la economía española y la menor recaudación fiscal consiguiente, así como diferencias en los cuidados y descenso de la natalidad.

Otra consecuencia, añade, "*poco discutida pero cada vez más clara, es que la asimetría en la revolución de las mujeres trae consigo una posible polarización de la sociedad a causa de la disparidad de ingresos entre los hogares. La participación femenina está muy concentrada en las clases alta y media-alta; y en cambio muy poco extendida en la clase baja. Esto origina la existencia de hogares con dos ingresos en los niveles altos, mientras que los hogares con menores niveles de cualificación de sus miembros tienden a tener, además, un único ingreso. Este fenómeno acelera y refuerza tendencias ya existentes en la sociedad, agravando las consecuencias de la actual ola de precarización del empleo y del crecimiento de desigualdades económicas, con lo que la brecha social se profundiza aún más*".

Un inconveniente adicional es que el cálculo de las prestaciones supone perder una parte importante de la sencillez que aporta el modelo "renta básica". El cálculo individual es evidentemente más sencillo y automático. Reconocido el derecho a la persona, resultará prácticamente independiente de cualquier variación en su convivencia, lo que resulta especialmente útil en la actualidad, donde los vínculos son menos estables de lo que fueron antaño. Nos evitamos de esta forma un trámite burocrático adicional. No obstante, de alguna forma siempre habrá que considerar algunas de las condiciones familiares, como en seguida veremos.

Una reflexión importante se deriva de la dificultad que plantean convivencias basadas en la conveniencia de quienes comparten una vivienda. La ley señala que *se considerará pareja de hecho la constituida con análoga relación de afectividad a la conyugal con al menos dos años de antelación, por quienes, no hallándose impedidos para contraer matrimonio, no tengan vínculo matrimonial con otra persona y hayan convivido de forma estable y notoria con carácter inmediato a la solicitud de la prestación y con una duración ininterrumpida no inferior a cinco años.*

¿Quién y cómo mide la relación de afectividad? ¿Qué ocurre con las situaciones en las que se comparte vivienda entre varias personas por deseo de ahorro o de compañía, pero con independencia económica? ¿Tras cinco años de convivencia se pasa a una prestación menor? ¿Amigos o amigas que comparten piso durante su época de estudios, han de considerarse unidad de convivencia?

La ley prevé la convivencia en el mismo domicilio de personas entre las que no concurran los vínculos descritos y afirma que podrán ser titulares del ingreso mínimo vital aquella o aquellas que se encuentren en riesgo de exclusión. Al pasar en el IMVA a ser titulares todos los residentes, la situación resultante rompe de alguna manera el concepto de unidad de convivencia.

Un sistema que hace disminuir la prestación cuando existe relación formal, por otra parte, es un desincentivo a la formalización. Por así decirlo, la solución *familiarista* penaliza el matrimonio frente a la convivencia informal.

La opción de la unidad de convivencia exige, en todo caso, la regulación detallada de las diversas situaciones que puedan darse (y probablemente nunca lleguen a contemplarse todas las posibilidades). La ley del IMV es fiel reflejo de ello. Es decir, normativa más farragosa, exigencias de comprobación e inspección, burocracia...

Por todo ello, parece preferible abandonar la concepción de las unidades de convivencia y ligar la prestación a cada persona individual. En todo caso, la prestación que resulte, por un método u otro, debe imputarse de forma personal e idéntica a las personas con el derecho a la prestación. Frente a la previsión de un titular por unidad de convivencia, que recoge la ley del IMV, cada persona con derecho a la prestación debería ser titular del IMVA en la cuantía que le corresponda. Solo así se garantiza el derecho de cada persona y se reducen situaciones indeseadas de dependencia.

Las prestaciones correspondientes a menores se repartirían de forma igual entre las personas adultas responsables de ellos. Y cada persona recibiría de forma individualizada la cuantía a la que tenga derecho, con los matices que vamos a ver.

6.3. Edad y beneficiarios

El IMV exige tener una *edad mínima de 23 años, o ser mayores de edad o menores emancipados en caso de tener hijos o menores en régimen de guarda con fines de adopción o acogimiento familiar permanente o huérfanos absolutos cuando sean los únicos miembros de la unidad de convivencia y ninguno de ellos alcance la edad de 23 años*.

No se exige el cumplimiento del requisito de edad en los supuestos de *mujeres víctimas de violencia de género o de trata de seres humanos y explotación sexual ni, tampoco, a las personas de entre 18 y 22 años que provengan de centros residenciales de protección de menores de las diferentes Comunidades Autónomas habiendo estado bajo la tutela de Entidades Públicas de protección de menores dentro de los tres años anteriores a la mayoría de edad, o sean huérfanos absolutos, siempre que vivan solos sin integrarse en una unidad de convivencia*.

La larga lista de excepciones y supuestos nos lleva, una vez más, hacia la complejidad y los trámites burocráticos. Que es tanto como decir retrasos y costes de administración para administración y administrados. Se confirma así que la opción *familiarista* introduce un factor adicional de complejidad y burocracia al distinguir entre algunas de las múltiples situaciones que se pueden encontrar. Solo por ello sería recomendable buscar alternativas más sencillas.

Como es sabido, el IMV fija las prestaciones conforme a las distintas situaciones de la unidad de convivencia. Se incorpora implícitamente un derecho ligado a la infancia: aunque el derecho a la prestación se reconoce solo al titular de la unidad de convivencia, la cuantía se incrementa ante la presencia en ella de menores a cargo de ese titular.

En las figuras 10 y 11 se recogen las cuantías de la renta garantizada en 2022.

FIGURA 10. CUANTÍAS DE RENTA IMV - UNIDAD NO MONOPARENTAL

Cuantías de la renta garantizada en 2022.

Unidad de convivencia	Euros / año	Euros / mes
Un adulto	5.899,60	491,63
Un adulto y un menor	7.669,48	639,12
Un adulto y dos menores	9.439,36	786,61
Un adulto y tres menores	11.209,24	934,10
Un adulto y cuatro o más menores	12.979,12	1.081,59
Dos adultos	7.669,48	639,12
Dos adultos y un menor	9.439,36	786,61
Dos adultos y dos menores	11.209,24	934,04
Dos adultos y tres o más menores	12.979,12	1.081,59
Tres adultos	9.439,36	786,61
Tres adultos y un menor	11.209,24	934,10
Tres adultos y dos o más menores	12.979,12	1.081,59
Cuatro adultos	11.209,24	934,10
Cuatro adultos y un menor	12.979,12	1.081,59

FIGURA 11. CUANTÍAS DE RENTA IMV - UNIDAD MONOPARENTAL

Cuantías de la renta garantizada en 2022.

Unidad de convivencia	Euros / año	Euros / mes
Un adulto y un menor	8.967,39	747,28
Un adulto y dos menores	10.737,27	894,77
Un adulto y tres menores	12.507,15	1.042,26
Un adulto y cuatro o más menores	14.277,03	1.189,75

Progenitores/ abuelos/ guardadores o acogedores, uno de ellos tenga reconocido un grado 3 de dependencia, la incapacidad permanente absoluta o la gran invalidez.		
Unidad de convivencia	**Euros / año**	**Euros / mes**
Dos adultos y un menor	10.737,27	894,77
Dos adultos y dos menores	12.507,15	1.042,26
Dos adultos y tres o más menores	14.277,03	1.189,75

Si optamos por un derecho personal, la cuantía que se fijaría sería única para cada persona adulta y para cada menor conviviente. Evidentemente, la cifra para este último colectivo sería inferior: las opciones suelen situarse entre el equivalente al 25 o al 30% de la cuantía fijada para los adultos. El IMV opta por el 30%, lo que resulta coherente con el alto nivel existente de pobreza infantil y la práctica ausencia de políticas familiares y de apoyo a la infancia. La prestación la recibirían los mayores de edad responsables de esos menores, repartiéndose la cuantía a partes iguales entre ellos.

Volveremos sobre las posibles cuantías del IMVA y demás detalles más adelante.

¿Cuándo se considera una persona adulta? El primer debate ha de referirse a la edad en que se pasa a ser beneficiario de la prestación. El límite de 23 años tiene algo de arbitrario. La mayoría de edad está fijada en los 18 años y la laboral a los 16. Probablemente, la regulación del IMV tuvo en cuenta (amén del cálculo de menores costes derivados de retrasar el derecho a los 23 años) el dato de la tardía emancipación juvenil: en 2021, la proporción de adultos jóvenes de 25 a 34 años que viven con sus padres en España es del 46%, una de las más altas de Europa (especialmente la occidental).

No obstante, repetimos, una cosa es generar el derecho a la prestación y otra que sea conveniente percibirla. ¿Existe el peligro de que jóvenes sin emancipar que perciban una renta incondicionada caigan en la tentación de vivir de ello confortablemente, mientras sus padres se encargan de su alojamiento y manutención? Aunque ello fuera verdad, ¿es razón suficiente para negar un derecho que parece difícil cuestionar alcanzada la mayoría de edad? ¿Puede utilizarse el IMVA como un mecanismo facilitador de una más temprana emancipación?

Sin duda, es un aspecto que debe ser objeto de debate pues cualquier opción tiene sus luces y sus sombras.

Me inclino por los 18 años como frontera para el paso al derecho a la prestación adulta. Sin embargo, mientras no exista la emancipación, los adultos responsables seguirían percibiendo el porcentaje marcado para los menores. Es decir, los mayores de edad no emancipados seguirían formalmente con el mismo tratamiento de menor de edad que venían disfrutando. Con una importante diferencia: el resto de la prestación hasta el derecho generado iría constituyendo un fondo en favor del mayor de edad que podría cobrar cuando la emancipación fuera efectiva. Tendríamos así una renta de emancipación (o una "herencia" de igualación, en parte en línea con PIKETTY, 2021).

Esta propuesta aúna la prudencia con el derecho universal que reconoce el IMVA y supone una importante ayuda a la emancipación juvenil. Sin embargo, plantea también algunos problemas de no fácil solución. El peligro de fraudes es uno de ellos, porque la definición de qué entendemos por emancipación puede entrañar alguna dificultad.

La definición del IMV es quizás en exceso restrictiva: *Se entenderá que una persona ha vivido de forma independiente siempre que acredite que su domicilio ha sido distinto al de sus progenitores, tutores o acogedores durante los dos años inmediatamente anteriores a la solicitud, y en dicho periodo hubiere permanecido durante al menos doce meses, continuados o no, en situación de alta en cualquiera de los regímenes que integran el sistema de la Seguridad Social, incluido el de Clases Pasivas del Estado, o en una mutualidad de previsión social alternativa al Régimen Especial de la Seguridad Social de los Trabajadores por Cuenta Propia o Autónomos.*

La picaresca es probable y difícil de controlar. Pero no es menos cierto que, con frecuencia, los intentos de controlarla resultan en la práctica poco eficaces y solo consiguen complicar la gestión para la gran mayoría de las personas.

Otro problema se plantea cuando hay situaciones de ida y vuelta: mayores que se emancipan, pero posteriormente cambian las circunstancias vitales y vuelven a sus antiguas casas familiares. Parece claro que una vez reconocido el derecho se mantendría: la persona seguiría recibiendo su prestación individualizada y en su importe de adulto. Cualquier otra opción supondría un retroceso respecto a un derecho personal ya reconocido y complicaría innecesariamente la gestión.

Probablemente, el mecanismo más sencillo y respetuoso con el derecho del joven sería ligar el derecho a la percepción íntegra y autónoma con el alta en cualquiera de los regímenes que integran el sistema de la Seguridad Social. Es decir, prescindir del factor de emancipación física (que da pie a posible picaresca, ignora situaciones especiales de permanencia en el hogar, introduce un factor de comprobación y burocracia, y podría favorecer a los niveles altos de renta y riqueza, con más facilidades para dar ese salto de emancipación.

¿Tiene sentido esa renta de emancipación cuando se trate de personas con elevado poder adquisitivo? La respuesta, en línea con el debate seguido más arriba, es sí y no. Sí, porque el derecho es un derecho de ciudadanía al que toda persona tiene derecho de entrada, como a la educación o la sanidad. Pero también puede añadirse un no: el IMVA va destinado a personas em estado de necesidad. Por ello, deberá tenerse en cuenta a la hora de la corrección progresiva que se arbitrará para que quien no lo necesita lo devuelva automáticamente. Volveremos sobre ello más adelante.

En todo caso, al poner el acento en el alta en la Seguridad Social y no en la emancipación, evitamos el derecho prematuro cuando estamos ante una emancipación ficticia o que puede permitirse sin trabajar.

¿Podría prolongarse indefinidamente, entonces, la prestación reducida en favor de los progenitores cuando no hay emancipación ni entrada en el mercado de trabajo reglado? No parece ni conveniente ni justo. Piénsese por ejemplo en aquella persona que permanece en casa paterna cuidando a sus mayores necesitados sin posibilidad de emanciparse. Incluso familias en que son los hijos quienes mantienen a personas mayores. Y tantas situaciones semejantes. Por ello, es probablemente deseable que se arbitre una frontera a partir de la cual el derecho a la prestación pasa a ser total en todo caso: ¿veinticinco años?

Hay otras situaciones complejas como puede ser la emancipación transitoria por estudios. La sencillez perseguida con el IMVA aconseja no intentar solucionar todas las alternativas posibles sino derivarlas hacia otras políticas complementarias y específicas. Por ejemplo, en este caso es posible arbitrar un sistema de becas que tenga en cuenta las mayores necesidades en caso de desplazamientos fuera del hogar.

El IMV no fija fecha límite de edad para el derecho a la prestación, al basarse en el criterio de necesidad. Y es evidente que esta puede darse a cualquier edad. Sin embargo, la protección de la vejez se ha ido consolidando a lo largo de décadas y gozamos de un sistema razonablemente satisfactorio. La aplicación del IMVA en relación con las personas mayores exigiría un debate global que, probablemente, no esté suficientemente maduro.

La compatibilidad del IMVA con el sistema de pensiones (contributivas y asistenciales) podría funcionar con la división de la prestación de jubilación en dos partes (de importes de gasto total probablemente similares). La primera parte equivaldría al IMVA y garantizaría (y absorbería) las pensiones asistenciales, los complementos a mínimos y demás previsiones semejantes. La segunda parte complementaría la pensión en proporción a lo cotizado por cada persona. De esta forma, se extendería a la etapa de la jubilación la simplificación general y una garantía universal de mínimos, al mismo tiempo que perviviría el incentivo a la cotización y el trabajo declarado.

Este debate excede al propósito de este trabajo y a la oportunidad política en el momento presente. Por ello, la propuesta probablemente más sensata sería excluir del derecho al IMVA a las personas mayores de una cierta edad. Al no existir ya una edad única oficial de jubilación, puede ligarse la baja del derecho al IMVA con el alta en el sistema de pensiones de la SS.

Para las situaciones de necesidad de asistencia en personas con edad superior a la de jubilación podría mantenerse el IMVA para aquellas personas que venían disfrutando del IMV o/y alguna renta mínima autonómica.

Varias razones aconsejan suspender el derecho a la prestación para las personas ingresadas en centros penitenciarios. La suspensión es plenamente coherente con la idea del IMV: se garantiza la prestación cuando es necesaria para una supervivencia digna, pero va desapareciendo progresivamente cuando las necesidades están cubiertas. En la medida en que en la prisión las personas internas tienen cubiertas por el propio Estado sus necesidades de manutención y alojamiento, la lógica protectora desaparece.

Por otro lado, no tiene sentido una solución similar a la pensada para los jóvenes: reconocimiento del derecho, pero abono en el momento de la libertad. En este caso, la prisión sería un auténtico privilegio pues permitiría durante el internamiento un ahorro de cuantía nada despreciable, solo al alcance de una minoría de la población trabajadora. Tampoco es claro que el pago de lo "ahorrado" ayudara a una más fácil reinserción de los penados. En su conjunto, más cabe pensar en incentivos espurios.

Sí serviría de ayuda garantizar que la percepción del IMVA se produce desde el primer día de la libertad del interno, sin retraso alguno. Lo mismo podría aplicarse a situaciones de semilibertad como el tercer grado penitenciario. No parece difícil siempre que se notifique cualquier cambio en la situación personal de las personas recluidas.

Recordemos que, en su caso, la familia seguiría recibiendo el IMVA al que tendría derecho personal y directo, al margen de la situación de la persona condenada a pena de prisión.

El régimen de suspensión de la prestación sería aplicable de forma semejante y con similares argumentos en otras situaciones de internamiento prolongado y estable en cualquier otro centro público con alojamiento y manutención a cargo del Estado como residencias, centros siquiátricos, etc.

En estos casos, se hace explícita la coincidencia entre el IMVA y el IMV en ser *una prestación cuya duración se prolongará mientras persista la situación de vulnerabilidad económica*. Como se ha dicho y veremos, implícitamente el IMVA mantendrá este tratamiento al recuperarse por vía tributaria la prestación que no es necesaria. Pero en estas excepciones citadas en los párrafos anteriores, se considera que el ingreso en la institución a cargo del Estado muestra automáticamente que no existe situación de vulnerabilidad económica.

El derecho a la prestación de IMVA se extinguirá, como en el IMV, por fallecimiento de la persona titular o por pérdida de la condición de residente en el territorio nacional. A ellas habría que añadir, de acuerdo con los últimos párrafos, el ingreso estable y prolongado en establecimiento público que incluya el alojamiento y manutención a cargo del Estado. Pero desparecerían otras causas de extinción del derecho como el *incumplimiento reiterado de las condiciones asociadas a la compatibilidad del ingreso mínimo vital con las rentas del trabajo o la actividad económica por cuenta propia* puesto que, como reiteraremos, el IMVA es automático y compatible con cualquier otro ingreso. Sin perjuicio de la restitución, también automática por vía tributaria, cuando esos ingresos excedan de determinadas cuantías.

6.4. Prestación económica

La regulación de la prestación económica es uno de los aspectos en que se hace más evidente la simplificación que comporta el IMVA respecto al IMV. Prácticamente pasan a ser innecesarios tres capítulos enteros de la ley vigente, destinados a precisar cuantía, requisitos, comprobaciones, sanciones... Todo ello, se reduce al mínimo en la nueva figura.

El ingreso mínimo vital consistirá en una prestación económica que se fijará y se hará efectiva mensualmente en los términos establecidos en esta Ley y en sus normas de desarrollo. Así reza la ley del IMV y así debe seguir siendo.

La cuantía mensual de la prestación de ingreso mínimo vital que corresponde a la persona beneficiaria individual o a la unidad de convivencia vendrá determinada por la diferencia entre la cuantía de la renta garantizada y el conjunto de todas las rentas e ingresos de la persona beneficiaria o de los miembros que componen esa unidad de convivencia del ejercicio anterior.

En esa definición se aprecian algunas diferencias respecto a lo que debe marcarse para el IMVA. Aquí definiríamos una cuantía por persona beneficiaria y otra de menor cuantía para las personas menores... sin perjuicio del pago que corresponda en el posterior INR que financiará la prestación y corregirá la cuantía en función del nivel de renta, del propio ejercicio. Es decir, aun siendo parecida la concepción de que no la disfrute quien no la necesite, omitimos cualquier condición previa en la prestación que se recibe íntegra desde el primer momento y de forma automática.

Además, y esto es muy relevante, no nos fijamos en la renta del año anterior, sino que será la renta presente la que nos muestre si es o no necesaria la renta garantizada. Las circunstancias pueden haber cambiado, para bien o para mal, de un año a otro y es el ejercicio presente el que realmente marca la necesidad mayor o menor de apoyo. Y ya no necesitamos comprobaciones respecto a cuál fue el nivel de renta. La propia gestión del IRPF, como veremos, nos permitirá regular la cuantía neta final de la prestación.

El primer debate que ahora se plantea es el de la propia cuantía de la prestación. El IMV marca de alguna forma el suelo, pues no parece que la prestación reformada pueda suponer una merma respecto a la anterior. Las propuestas más ambiciosas defienden cifras más elevadas: si se quiere eliminar la pobreza, se argumenta, la cifra debe subir precisamente hasta el umbral de la pobreza.

En 2021 ese umbral en España se situaba en 9.535 € por persona frente al de 2020 de 9.626 €. El umbral de pobreza para un hogar de dos adultos y dos menores de 14 años era en 2021 de 20.024 € euros. Las cuantías del IMV suponen por tanto en torno al 60% del umbral individual, del 56% para la unidad familiar tipo de 2+2. Como vamos a ver, en la propuesta de IMVA este segundo porcentaje se elevaría hasta el 76%. La razón fundamental es que el IMVA optaría por la opción individual frente a la *familiarista.*

Parece más prudente comenzar por las cifras actuales, por encima del 90% del umbral de pobreza severa por unidad de consumo al año. Presupuestariamente más asumible, erradicaría prácticamente esta pobreza severa y reduciría de forma importante la pobreza relativa. Los temidos desincentivos son, sin duda, mucho más improbables con cifras más moderadas del subsidio que con otras más elevadas.

FIGURA 12. COMPARACIÓN CUANTÍAS IMV - IMVA						
IMV			IMVA			
Unidad de convivencia	**Euros / año**	**Euros / mes**	**Índice IMVA**	**Euros / año**	**Euros / mes**	IMVA/IMV
Un adulto	5.899,60	491,63	1	5.899,60	491,63	100,0%
Un adulto y un menor	7.669,48	639,12	1,3	7.669,48	639,12	100,0%
Un adulto y dos menores	9.439,36	786,61	1,6	9.439,36	786,61	100,0%
Un adulto y tres menores	11.209,24	934,1	1,9	11.209,24	934,10	100,0%
Un adulto y cuatro (o más) menores	12.979,12	1.081,59	2,2	12.979,12	1.081,59	100,0%
Dos adultos	7.669,48	639,12	2	11.799,20	83,26	153,8%
Dos adultos y un menor	9.439,36	786,61	2,3	13.569,08	1.130,75	143,8%
Dos adultos y dos menores	11.209,24	934,04	2,6	15.338,96	1.278,24	136,8%
Dos adultos y tres (o más) menores	12.979,12	1.081,59	2,9	17.108,84	1.425,73	131,8%
Tres adultos	9.439,36	786,61	3	13.569,08	1.130,75	143,8%
Tres adultos y un menor	11.209,24	934,1	3,3	15.338,96	1.278,24	136,8%
Tres adultos y dos (o más) menores	12.979,12	1.081,59	3,6	17.108,84	1.425,73	131,8%
Cuatro adultos	11.209,24	934,1	4	15.338,96	1.278,24	136,8%
Cuatro adultos y un menor	12.979,12	1.081,59	4,3	17.108,84	1.425,73	131,8%

Elaboración propia

Como puede verse en la comparación entre IMV e IMVA de la figura 12, el resultado no varía cuando se trata de convivencia entre un adulto y menores. Se está aplicando a los menores, tanto en el IMV como en el IMVA propuesto, el 30% previsto para el adulto. La diferencia se hace evidente cuando hay más de un adulto en la "unidad de convivencia" porque segundo y sucesivos adultos son tratados en el IMV como menores a efecto del cálculo de la prestación.

Es más que probable que una cifra como la garantizada por el IMV y por el IMVA resultara escasa para garantizar una vida digna (especialmente en hogares monoparentales), al menos en ámbitos urbanos. Lo que refuerza la idea de que, en cualquier caso, deben coexistir en paralelo otras políticas sociales complementarias que atiendan situaciones de especial necesidad. Y desarbola buena parte de los argumentos temerosos de fomentar el abandono de la intención de trabajar.

En ambientes rurales es posible que este subsidio pudiera ser suficiente para la supervivencia. Ello no debería justificar posibles importes diferentes según población y coste de vida. Por un lado, porque supone introducir un factor de complejidad y control burocrático (con fraudes más que posibles). Por otro, porque si la uniformidad en la prestación supone un pequeño beneficio diferencial en favor de la España vaciada, podemos considerarlo una virtud adicional.

En el IMV se fija un máximo del 220 por ciento (12. 979,12 € anuales, 1.081,59 € mensuales) por unidad de convivencia. Obsérvese como en el cuadro, alcanzado ese límite para el IMV, la cuantía de la prestación no aumenta cunado hay más menores (se incluye la cláusula "o más"). En el IMVA, los derechos individuales son independientes de la familia o unidad de convivencia por lo que no existe límite a la suma total de rentas reconocidas.

El criterio adoptado en el IMV para fijar la cuantía es claro: *En el caso de una persona beneficiaria individual, la cuantía mensual de renta garantizada ascenderá al 100 por ciento del importe anual de las pensiones no contributivas fijadas anualmente en la Ley de Presupuestos Generales del Estado, dividido por doce.*

La intención es loable: el IMV (como el IMVA) ha de absorber todas las prestaciones asistenciales existentes, contribuyendo a la simplificación, claridad y eficiencia de los programas asistenciales.

La ley del IMV añade a las prestaciones anteriores diversos complementos. De entrada, parece conveniente separar tales posibles complementos de la gestión del IMVA. El reconocimiento de complementos implica solicitudes, comprobaciones y complejidades administrativas que sumergen a la prestación automática en nuevos laberintos burocráticos.

Los complementos pueden estar plenamente justificados. Pero las razones subyacentes han de estar ligadas a políticas específicas, gestionadas desde la administración especializada más competente al efecto y financiadas de forma específica. Se ha abusado de cargar al sistema de la Seguridad Social de prestaciones o minoraciones de ingresos que correspondían a políticas ajenas a ella, incrementando sus aparentes dificultades de financiación. Y la gran ventaja del IMVA (su simplicidad burocrática) se vería perjudicada con cualquier intento de "contaminación" con otras políticas.

Dicho esto, no debe cerrarse la puerta a que se aproveche el mecanismo del IMVA para facilitar la transferencia de otras prestaciones, con la consiguiente simplificación administrativa para estas.

El primero de los complementos reconocidos en el IMV es el correspondiente a las unidades de convivencia monoparentales. La medida es absolutamente necesaria cuando los hogares monoparentales representan más de la mitad del total en riesgo de exclusión social, como refleja la figura 13.

La nueva Ley de familias es especialmente sensible a este tema y dibuja una serie de beneficios especiales para las situaciones monoparentales. Lo malo es que crea una nueva maraña de pequeñas ayudas, requisitos especiales, acreditaciones específicas y dificultades burocráticas. Curiosamente, algunas de esas prestaciones son incompatibles con el IMV con complemento de infancia.

Probablemente bastaría con la creación del registro de familias monoparentales. Ese simple trámite conllevaría el derecho a los beneficios que la ley recoja. A los efectos del IMVA, podría significar el derecho automático a la prestación adicional equivalente a un hijo más, de la misma forma que se reconoce la consideración de familia numerosa a la familia monoparental ya a partir de los dos hijos.

FIGURA 13: PORCENTAJE DE HOGARES EN EXCLUSIÓN SOCIAL (AROPE) POR TIPO DE HOGAR

	2014	2015	2016	2017	2018	2019	2020	2021
Hogares de una persona	29,5%	27,8%	27,5%	29,0%	29,5%	27,4%	32,6%	34,6%
2 adultos sin niños dependientes	24,2%	23,4%	24,0%	23,7%	23,7%	21,5%	21,8%	21,1%
Otros hogares sin niños dependientes	25,8%	25,8%	25,1%	23,4%	22,8%	22,8%	22,7%	21,0%
1 adulto con 1 o más niños dependientes	53,9%	47,8%	51,8%	48,3%	51,1%	47,6%	49,8%	54,3%

2 adultos con 1 o más niños dependientes	31,0%	28,0%	29,1%	27,2%	26,4%	25,3%	24,9%	27,6%
Otros hogares con niños dependientes	39,6%	40,7%	37,9%	35,1%	34,6%	35,6%	37,8%	37,3%
Total	30,2%	28,7%	28,8%	27,5%	27,3%	26,2%	27,0%	27,8%
Fuente: EAPN ESPAÑA 2022, p.20, a partir de microdatos ECV								

De esta forma, el Registro citado comunicaría al IMVA el derecho generado, con la paralela transferencia de fondos. La incorporación del complemento a la prestación sería automática y sencilla. El trámite burocrático se simplifica y se realiza en otro lugar distinto al de la gestión del IMVA. Al mismo tiempo, se libera al organismo encargado de las prestaciones de la ley de familia de la tramitación de las transferencias correspondientes.

Igualmente, la ley del IMV reconoce *un complemento en el supuesto de que en la unidad de convivencia esté incluida alguna persona con un grado de discapacidad reconocida igual o superior al sesenta y cinco por ciento.* Ha de reproducirse aquí el mismo razonamiento anterior. No es mala idea aprovechar el mecanismo del IMVA para hacer llegar este tipo de ayudas. Pero deben reconocerse en su lugar, comunicarse al IMVA y transferirse los fondos que correspondan.

La duración de la prestación será vitalicia salvo la pérdida de la condición de residente o las situaciones de suspensión ligadas, como se ha citado, al ingreso en determinadas instituciones del Estado. Podría debatirse la posible excepción para la suspensión por cambio de residencia cuando esta se debiera a motivos de estudios en el extranjero.

Pueden mantenerse, sin embargo, previsiones del estilo de la siguiente: *En todo caso, se procederá a la suspensión cautelar en el caso de traslado al extranjero por un periodo, continuado o no, superior a noventa días naturales al año, sin haber comunicado a la entidad gestora con antelación el mismo ni estar debidamente justificado.*

El automatismo del IMVA, como ahora veremos, hace innecesarias, en cambio la mayoría de las previsiones de la ley del IMV como las referidas al cambio en las circunstancias personales de la persona beneficiaria del ingreso mínimo vital *a efectos de la disminución o el aumento de la prestación económica mediante la revisión correspondiente por la entidad gestora.*

Las cuantías relacionadas con el nivel de ingresos de los beneficiarios se corrigen de forma automática e inmediata (no en el ejercicio siguiente) con el mecanismo complementario del Impuesto negativo sobre la renta (INR) que se verá en el epígrafe siguiente.

Sabido es que el IMV previene que *con el fin de que la percepción del ingreso mínimo vital no desincentive la participación en el mercado laboral, la percepción del ingreso mínimo vital será compatible con las rentas del trabajo o la actividad económica por cuenta propia de la persona beneficiaria individual o, en su caso, de uno o varios miembros de la unidad de convivencia en los términos y con los límites que reglamentariamente se establezcan.*

Esta compatibilidad aparente se limita, no obstante, al marcar límites que disminuyen el incentivo a trabajar para conseguir ingresos adicionales.

Ya se reflexionó más arriba sobre incentivos y desincentivos. Precisamente el IMVA se define como perfectamente compatible con cualquier otro tipo de ingreso (salvo las pensiones) y, todavía de forma más evidente, con las rentas de otras personas convivientes.

Ello supera buena parte de los peligros de trampa de la pobreza o de incentivos a la economía sumergida. Los mayores ingresos siempre supondrán una mejora para las personas afectadas. Solamente si los nuevos ingresos evidencian que la persona está lejos de la situación de necesidad, verá como el INR le obligará a devolver de forma progresiva parte de la prestación recibida, eliminándose igualmente cualquier riesgo de error de salto por sobrepasar una cuantía fijada como tope.

6.5. Coste bruto del IMVA

Sin duda, el gran obstáculo que asusta para la implantación de alguna forma de renta mínima universal automática es la presunción de su elevado e inasumible coste. Efectivamente, considerada "en bruto", el coste de una renta universal garantizada sería muy elevado. Pero todas las propuestas en favor de su puesta en marcha van acompañadas de ideas para su financiación que intentan demostrar la viabilidad financiera de la medida.

Un breve panorama de las propuestas más relevantes en España puede encontrarse en DÍAZ OYARZÁBAL et al (2019), que contrastan con otras voces más escépticas como las de CASADO Y SEBASTIÁN (2019), en el mimo número monográfico de la Revista 17.

Desgraciadamente, las estimaciones recogidas en artículos precedentes no pueden aplicarse aquí porque todos los cálculos disponibles cuentan con el total de la población y suponen que se absorben las prestaciones contributivas y, muy especialmente, las pensiones. De hecho, estas aportan la mayor cuantía de la financiación estimada.

Una estimación al detalle solo será posible cuando se cierren muchos de los aspectos que aquí dejamos abiertos al debate. Entonces será el momento de entrar con fuentes de microdatos para hacer una aproximación más detallada y cercana al resultado previsible. Pero podemos hacer una aproximación suficiente para hacernos una idea del orden de magnitudes del que estamos hablando. Y, sobre todo, para poder explicar el mecanismo de financiación que se propone.

Seguiremos el proceso siguiente.

1. Se estimará en primer lugar el coste bruto del programa, es decir, la prestación formalmente reconocida como derecho a los ciudadanos residentes.
2. Se estimará en segundo lugar el montante aproximado de las prestaciones que quedarían absorbidas por el IMVA, al unificarse en esta figura la casi totalidad de las prestaciones sociales estatales (excepción hecha de las contributivas y de las prestaciones de vejez) y suprimirse una parte de los beneficios fiscales en el IRPF.
3. Los dos pasos anteriores nos permitirán calcular qué parte del coste bruto queda financiada por las prestaciones y beneficios absorbidos y, consecuentemente, qué parte será necesario financiar o, mejor, cubrir con las devoluciones progresivas (parciales, totales o más) a cargo de los perceptores más adinerados.
4. Finalmente, se propondrá un mecanismo para que esa devolución sea posible, sencilla y suficiente.

El coste bruto total nos vendrá dado multiplicando la población residente por la prestación que a cada grupo de edad corresponde.

FIGURA 14: POBLACIÓN RESIDENTE				
Población residente 1-1-22			Prestación (€)	Total tramo (€)
0-17	8.138.086	8.138.086	1.769,87	14.403.337.993
18-24	3.892.305			
25-64	25.875.869	29.768.174	5.899,56	175.619.128.603
>64	9.526.633			
TOTAL	47.432.893			190.022.466.596

Elaboración propia a partir de datos de población INE

Dividimos el total de la población residente a 1 de enero de 2022 en 4 grupos. Los menores de edad a 8,1 millones de personas. Respetando la prestación equivalente del IMV, tendría derecho cada uno de ellos a 1.769,87 euros anuales. Ese tramo de edad implicaría un coste bruto de 14,4 miles de millones de euros.

El tramo de mayores de edad hasta los 65 años supone casi 30 millones de potenciales beneficiarios. Con una prestación de 5.899,56 euros el montante de gasto se elevaría hasta un máximo de 175'6 miles de millones de euros. Se subraya la precisión de máximo porque no se descuentan las personas que, por cualquier causa de las que hemos ido viendo, puedan tener su derecho en suspenso. No serían cifras especialmente relevantes, pero minorarían la estimación realizada.

Obsérvese que el tramo de 18 a 24 asciende a casi 4 millones de personas, que puede ser una aproximación a personas que, teniendo el derecho, solo generan un gasto inicial del 30% de la prestación de adulto. Aunque el derecho está devengado y debe estimarse como coste, no puede ignorarse que supone un gasto en el primer ejercicio de implantación del IMVA que puede ser un 10% inferior al total calculado. Ese colchón ofrece un importante grado de tranquilidad respecto a posibles desviaciones en las estimaciones.

El coste bruto total resultante de las operaciones anteriores asciende a 190 mil millones de euros, equivalente al 15% del PIB. Se comprende que quien solo tiene esta cifra en la cabeza pueda pensar que el gasto es inasumible. Pero recordemos que nos quedan otros pasos que tener en cuenta.

6.6. Financiación del IMVA

En las estimaciones disponibles que se citaban más arriba, se calcula que las prestaciones absorbidas pueden suponer en torno al 45 o 50% de las necesidades brutas de gasto para financiar el programa. Como se ha señalado, al dejar a los mayores de 65 años fuera de la propuesta del IMVA, las pensiones no pueden contabilizarse como prestaciones absorbidas. Dado que, como se ha señalado, estas suponían el componente más importante de financiación en aquellos estudios, debemos esperar un porcentaje menor en nuestro caso.

FIGURA 15: CUENTAS INTEGRADAS DE PROTECCIÓN SOCIAL - SEEPROSS		
GASTOS 2020 EN MILES DE EUROS		
TOTAL		**335.785.117**
PRESTACIONES DE PROTECCIÓN SOCIAL		**330.612.723**
	Prestaciones en dinero	232.262.374
Función "Enfermedad, Atención sanitaria"		**89.640.481**
Función "Invalidez"		**20.413.180**
Función "Vejez"		**128.806.572**
Función "Supervivencia"		**29.314.820**
	Prestaciones en dinero	29.303.705
Función "Familia, Hijos"		**17.609.750**
	Prestaciones en dinero	7.613.998
Función "Desempleo"		**39.789.465**
	Prestaciones en dinero	38.211.128
Función "Vivienda"		**1.435.726**
Función "Exclusión social"		**3.602.728**
	Prestaciones en dinero	2.322.443
GASTOS ADMINISTRATIVOS		**5.139.570**
OTROS GASTOS		**32.825**
Elaboración propia		

En el cuadro anterior se recogen las últimas cifras disponibles del gasto integrado en protección social (SEEPROSS), que se refieren al año 2020. Sabemos que desde ese año las cifras presupuestarias de gasto social han sufrido un importante incremento en los años siguientes, por lo que al utilizar estas cifras el resultado es más que prudente y convendrá algún tipo de actualización. Como puede verse, nos hemos centrado en las prestaciones en dinero, quedando directamente fuera de nuestra consideración las prestaciones en especie.

El IMVA supone la absorción de todas las prestaciones asistenciales cuya función queda cubierta por la nueva renta de ciudadanía. Dado que se ha definido de tal forma que no se incluyen otras prestaciones del Estado de bienestar, y expresamente las pensiones, del cuadro anterior debemos excluir las partidas referidas a enfermedad y atención sanitaria, a invalidez, a vejez y a vivienda. Aunque resulte contraintuitivo, también debemos descartar la función denominada "supervivencia", ya que la partida fundamental que en ella se integra se refiere a la "pensión de supervivencia", es decir, aparentemente más cerca de vejez que de supervivencia.

El IMVA sí debe absorber, tanto por el lado del gasto como por los beneficios fiscales del IRPF, las prestaciones que se refieren a familia e hijos. Podríamos considerar por tanto íntegramente los 7.614 millones de la función correspondiente. Sin embargo, es probable que muchas de las prestaciones incluidas en ese apartado encuentren resistencias políticas importantes. Supondremos por tanto que solo podemos contar con el 50% de esa partida: 3.807 millones de euros.

En la función de desempleo, hay que diferenciar entre las prestaciones de tipo contributivo de las asistenciales. Estas últimas y asimiladas, sin duda, deberían ser absorbidas por el IMVA, con el consiguiente alivio administrativo. El nivel asistencial del subsidio de desempleo y la renta activa de inserción supusieron un gasto de 6.659 millones de euros.

Respecto al subsidio de desempleo contributivo, que en los estudios para estimar la financiación de la renta básica citados se calculan como absorbidos, preferimos, de nuevo, ser más prudentes.

Por un lado, porque las resistencias sociales serán muy fuertes a cualquier reducción del actual subsidio. En segundo lugar, porque esa resistencia tiene conceptualmente un peso de razón. Considerando que la persona trabajadora está recibiendo en activo tanto su salario como el importe del IMVA (sin perjuicio de la corrección que veremos), la pérdida del empleo supone una pérdida repentina de ingresos muy fuerte. El subsidio de desempleo surge precisamente para evitar los efectos de esa brusca caída mientras se encuentra un nuevo empleo.

Sí parece posible pensar en que el actual sistema pueda ser revisado al existir un mecanismo automático de protección, el IMVA. Ello posibilitaría una reducción progresiva del subsidio algo mayor que la vigente a partir de los 180 días. Frente al 100% de otras previsiones, contabilizaríamos tan solo un 20% de ahorro del total del gasto en este apartado.

Las prestaciones en dinero de la función exclusión social podrían considerarse íntegramente absorbidas.

En las estimaciones de los gastos absorbidos por algún tipo de renta básica, es habitual considerar que la simplificación que implica permite un ahorro de al menos el 50% de esa partida. Considerando que en el IMVA absorbe una parte menor de las prestaciones sociales y la rigidez a la baja de este tipo de gastos, parece más prudente considerar tan sólo un ahorro potencial del 25%.

La suma de las estimaciones resultantes ascendería a 20.384 millones de euros, según se refleja en el cuadro que se ofrece más abajo.

Dado que esas cifras, según se ha dicho, corresponden al año 2020, que la inflación acumulada en los dos últimos años es superior al 12% y que el gasto social ha experimentado un importante incremento, no parece exagerado suponer una actualización del 10% para los dos años de diferencia respecto a la estimación de gasto.

Obviamente, el IMV es una prestación absorbida, todavía no recogida en el cuadro SEEPROSS que sirve de baso para las estimaciones, por lo que debemos añadir la cifra reservada correspondiente, esta sin actualización alguna.

FIGURA 16: ESTIMACIÓN DE GASTOS ABSORBIDOS	
Función "Familia, Hijos"	3.806.998.875,63
Desempleo contributivo	6.310.463.186,00
Desempleo asistencial	6.658.812.000,00
Función "Exclusión social"	2.322.442.725,58
Gastos administrativos	1.284.892.475,26
SUBTOTAL	20.383.609.262,47
Actualización	2.038.360.926,25
IMV	3.000.000.000,00
TOTAL GASTOS ABSORBIDOS	25.421.970.188,72

Elaboración propia

Consideramos, en esta aproximación global, que podrían absorberse aproximadamente 25.422 millones de euros con la implantación del IMVA y el traspaso de partidas de gastos incorporados a la nueva prestación.

No terminan aquí, sin embargo, los ahorros propiciados por el IMVA. Según se ha señalado, también deben desaparecer

- las bonificaciones contempladas en el IRPF como mínimo vital (personal y familiar) pues el IMVA es la prestación equivalente que ya ha sido recibida y exenta de impuestos.
- el descuento por declaración conjunta, puesto que, como veremos, la prestación individualizada ha de conllevar deseablemente la declaración individual obligada.
- y otras prestaciones familiares que ya se contemplan de alguna forma en el cálculo de las transferencias por el IMVA.

La suma de todo ello asciende, también en 2020, a un total de 28.880 millones de euros. Considerando que el mínimo personal debería mantenerse para las personas mayores que no se ven afectadas por el IMVA, será prudente de nuevo no contabilizar ese total sino tan solo el 80%.

Por último, hay que considerar que la transferencia del IMVA va a suponer un mayor ingreso especialmente en los niveles más bajos de renta, las que dedican mayor proporción de su renta al consumo. Ello se traduce en una recaudación adicional por imposición indirecta. Dependiendo de las correcciones que procedan en la escala del IRPF, es probable también un incremento en la recaudación por este impuesto.

En línea con las estimaciones habituales en este tipo de estudios (y, de nuevo, optando por la banda más prudente) supondremos un aumento en la recaudación tributaria generada por el IMVA de un 4% del total del presupuesto estimado.

Nos quedaría así el cuadro final de la figura 17. Esto significa que, como podía preverse, las prestaciones absorbidas y demás ingresos, cubrirían un porcentaje menor que el que se estima en otros trabajos. Pero alcanzaría el 30% del gasto bruto necesario para financiar el IMVA.

FIGURA 17: AUTOFINANCIACIÓN DEL IMVA	
GASTOS ABSORBIDOS	25.421.970.188,72
IRPF ABSORBIDO	23.103.736.000,00
TOTAL ABSORBIDO	48.525.706.188,72
RECAUDACIÓN GENERADA	7.612.387.509,83
TOTAL	56.138.093.698,55
% NECESIDADES BRUTAS	29,5%

Elaboración propia

La recuperación del 70% restante podría hacerse a través de un Impuesto negativo sobre la renta de forma progresiva. El esquema simplificado de la figura 18 pretende explicar el sistema progresivo de recuperación de la renta básica, que puede modularse libremente.

FIGURA 18: ESQUEMA DE FUNCIONAMIENTO IMVA/INR

DECILA DE RENTA	IMVA	INR	CUOTA	NETO
1	100	-100	0	100
2	100	-100	0	100
3	100	-100	0	100
4	100	-75	25	75
5	100	-50	50	50
6	100	-25	75	25
7	100	0	100	0
8	100	25	125	-25
9	100	50	150	-50
10	100	75	175	-75
TOTAL	1.000	-300	700	300

Elaboración propia

Ordenamos a la población en decilas de renta, de forma que la decila 1 comprende al 10% con menores ingresos y así sucesivamente hasta la decila 10 que representa al 10% de la población con mayores ingresos. De entrada, cada persona recibiría el 100% del IMVA.

Aplicaríamos un INR tal que implicara una cuota de -100, equivalente a la renta percibida, para las tres primeras decilas de renta, a partir de ahí, comenzaría a reducir el importe negativo, que pasaría a ser positivo, en este esquemático ejemplo, a partir de la 8ª decila de renta. El resultado neto sería, por tanto, positivo para las primeras decilas, pero implicaría un impuesto adicional (superior incluso a la renta recibida a través del IMVA) para las personas de mayores ingresos.

El INR se gestionaría simultánea pero independientemente del IRPF general puesto que su recaudación neta iría a parar a la Seguridad Social, para hacer frente a ese 70% que no queda cubierto por las prestaciones absorbidas.

Utilizaríamos como base del INR la suma de las bases liquidables general y del ahorro, de forma que la corrección se realice sobre el total de ingresos.

FIGURA 19: BASES LIQUIDABLES GENERAL Y DEL INR

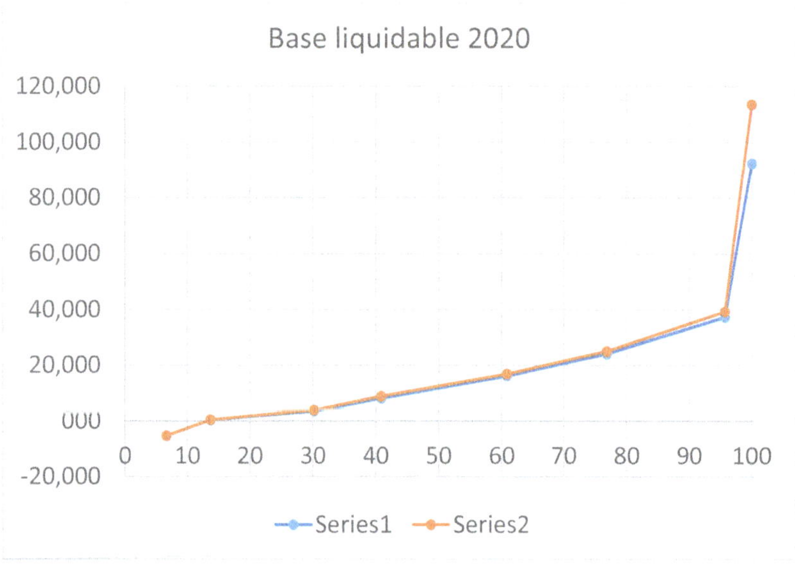

Elaboración propia[9]. *Serie 1: Base liquidable general. Serie 2: base liquidable del INR*

La base liquidable parece preferible a la imponible puesto que ya incorpora correcciones que buscan una más justa atribución de capacidad de pago. Según se ha señalado, sería necesario suprimir la que actualmente procede por declaración conjunta, aunque

[9] Los datos que se utilizan son agregados medios a partir de las estadísticas del IRPF. (https://sede.agenciatributaria.gob.es/AEAT/Contenidos_Comunes/La_Agencia_Tributaria/Estadisticas/Publicaciones/sites/irpf/2020/jrubik1de081194308dd93b2e09326c9b9c2cceef28b5d.html

debería mantenerse la referida a las familias monoparentales. También serían discutibles las reducciones por aportaciones a planes de pensiones, pero no corresponde entrar aquí en ese debate.

Al unir las bases general y del ahorro, se aplica un criterio más equitativo que el del propio IRPF, dado que se iguala el trato de ambos tipos de rentas. Como puede verse en la figura 19, las rentas de ahorro son especialmente significativas en los niveles superiores, mientras que tienen un peso casi imperceptible para la gran mayoría de la población.

Para calcular el impuesto adecuado es necesario disponer de microdatos que permitan estimaciones más ajustadas. No obstante, con todas las limitaciones que ello supone, se puede intentar una aproximación a partir de estos datos agregados que venimos utilizando.

Evidentemente, nos están quedando fuera las personas no contabilizadas en el IRPF mientras que sí estamos incluyendo a los pensionistas que no entran en el juego del IMVA. Tampoco estamos contabilizando la parte correspondiente a los menores.

No obstante, supondremos razonable estimar los datos como una muestra aproximada de la distribución de la ciudadanía efectivamente afectada a efectos de este cálculo indicativo. Consideramos las cantidades absolutas de renta tan solo como índices representativos y nos ilustra especialmente respecto a la posición relativa de la población por decilas.

De acuerdo con ello, tomamos las bases liquidables agregadas 2020 como punto de partida y suponemos exento el IMVA percibido. Son muchas las combinaciones de criterios que pueden aplicarse, con resultados, lógicamente, diferentes. Como ahora tan sólo se pretende explicar el funcionamiento de la propuesta, se elige una de las posibles. Sus resultados han de tomarse con total cautela pues, se insiste, son más bien un ejemplo que una estimación detallada y exacta.

Aplicamos un mínimo exento (adicional a la cuantía del IMVA) de 3.500 euros que es el límite que deja aproximadamente fuera al 30% de ingresos más bajos. Al exceso le aplicamos un tipo del 25%, con un techo máximo de contribución equivalente a dos veces el importa del IMVA, de forma que los niveles más altos no vean incrementado en exceso la progresividad.

FIGURA 20: ESTIMACIÓN DE RENTA (BL) ANTES Y DESPUÉS DEL JUEGO IMVA E INR				
Posición renta relativa	Base INR Media del tramo	Cuota INR Media del tramo	Renta neta media del tramo	Diferencia
7			5.900	5.900
14			6.225	5.900
30	228	62	9.566	5.838
41	5.197	1.403	13.193	4.496
61	13.192	3.562	19.030	2.338
77	21.291	5.749	24.942	151
96	35.595	9.611	35.384	- 3.711
100	109.936	11.799	107.537	- 5.900

Elaboración propia

Como puede verse en la figura 20, este esquema supone que prácticamente el 30% inicial percibe neta la renta del IMVA, mientras que después se va devolviendo de forma progresiva según crece la renta. A partir aproximadamente de la quinta decila se devuelve del orden de la mitad del IMVA recibido y hacia la octava decila se devuelve íntegramente. Solamente el 20% con mayores ingresos tiene un resultado neto negativo.

El INR ha conseguido recaudar aproximadamente el 70% del coste bruto según se deseaba. Como se ha señalado más arriba, existen muchas opciones para variar el esquema. Podría, por ejemplo, elevarse el techo máximo de cuota del INR para posibilitar un tipo menor y conseguir resultados más progresivos.

Para evitar que el incremento de presión rebase niveles no deseables en el entorno de la decila novena, podría aplicarse un tipo decreciente del 10% para el exceso de base liquidable sobre, por ejemplo, 25.000 euros y del 5% sobre 50.000 euros, con el techo que sea necesario para alcanzar la recaudación necesitada.

A partir de la idea esbozada, y con microdatos, pueden estimarse los resultados de diversas opciones aplicables hasta conseguir el resultado óptimo en términos recaudatorios y de reparto de cargas y beneficios.

Conviene subrayar que el beneficio real es algo inferior: recuérdese que se han suprimido beneficios fiscales y prestaciones preexistentes subsumidas. Recordemos también lo relativo de las cifras que utilizamos.

FIGURA 21: RESULTADO NETO DE LA PROPUESTA IMVA E INR

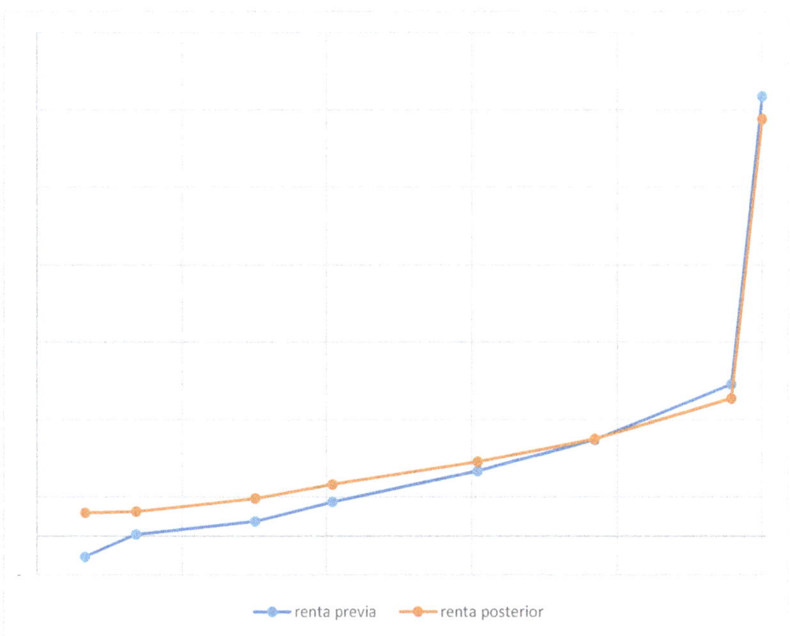

Elaboración propia

Como puede verse en l figura 21, a partir del esquema de subsidio y tributación que se han descrito, el resultado neto de la reforma supone un beneficio equivalente al de una renta mínima garantizada para los niveles bajos de renta, con mucha mayor probabilidad de que haya llegado realmente a la población necesitada. La diferencia va disminuyendo paulatinamente, sin error de salto, pero se mantiene positiva para tres cuartas partes de la población.

Teniendo en cuenta los beneficios perdidos por absorción, es probable que el punto neutral se sitúe en torno a la mediana de la población. El saldo negativo apreciable está limitado prácticamente para la última decila y con un techo equivalente al doble del importe individual del IMVA (más los beneficios previos fiscales perdidos). Salvo opciones apuntadas más progresivas.

Por supuesto, también sería posible buscar otras fuentes de financiación vía impuestos sobre grandes fortunas o herencias cuantiosas, por ejemplo. Pero ese es otro debate. Dado que el actual IMV excluye del subsidio a quien *sea titular de un patrimonio neto en un importe igual o superior a tres veces la cuantía correspondiente de renta garantizada por el ingreso mínimo vital para una persona beneficiaria individual* y que en el IMVA este criterio no se tiene en cuenta, gana justificación un sistema de financiación que se reparta entre el INR y algún tipo de recaudación sobre grandes fortunas.

En todo caso, cabe esperar una mejora significativa del índice de Gini y de reducción de la pobreza, acercándonos a la erradicación de la pobreza severa. Con los datos utilizados no puede cuantificarse con precisión, menos todavía cuando no se ha aplicado ninguna distinción de tipo familiar.

Es evidente que las cifras ofrecidas, con base en datos agrupados y notorias simplificaciones, han de tomarse con muchísima prudencia. Se trata tan solo de una aproximación ilustrativa de cómo puede ponerse en marcha un IMVA general e incondicional que sea viable y que no genere distorsiones significativas en el sistema vigente.

Conceptualmente, esta propuesta no es muy diferente de la renta fiscal universal de Sevilla 2019. Sin embargo, la ventaja fundamental de esta propuesta es que el beneficio se recibe de antemano, vitando el retraso que supondría esperar a la liquidación del impuesto.

Antes de cerrar este apartado, conviene resaltar que el hecho de no disponer de una renta básica en vigor implica también unos costes importantes que desaparecerían de forma muy significativa con la implantación del IMVA.

Por ejemplo, CANTÓ Y GONZÁLEZ (2023), en la investigación, encargada por el Alto Comisionado contra la Pobreza Infantil, concluyen que la pobreza infantil no solo es injusta para quienes la padecen, sino que también es claramente ineficiente desde un punto de vista económico. Estiman que nos cuesta a todos unos 63.000 millones de euros al año.

Lo mismo podría estudiarse respecto a los costes derivados de otros muchos fenómenos que podrían disminuir con la aplicación de una renta básica como en cuidados de salud mental, en los costes del abandono escolar temprano o en los frenos al emprendimiento. En prácticamente todas las experiencias de renta básica implementadas hasta el momento se observan mejoras significativas en esos apartados.

Los ahorros derivados de una renta básica harían disminuir globalmente su factura.

7. COSTES DE IMPLANTACIÓN

7.1. Trámites simplificados

La simplificación de la gestión respecto al IMV es evidente. Pero ello no obsta para reflexionar sobre algunos de los aspectos que deberán tenerse en cuenta para asegurar el éxito en la gestión y, sobre todo, en su puesta en marcha.

Naturalmente, la primera exigencia obligaría a realizar los cálculos anteriores de forma más precisa, con la ayuda de microdatos y toda la información disponible del propio IMV. Ello permitiría estimar con mayor fundamento el coste y las necesidades financieras, la estructura del INR (y, en su caso, de otras figuras tributarias complementarias) y las retenciones convenientes.

La delimitación de las prestaciones absorbidas y de las bonificaciones suprimidas conllevaría el paso de los importes correspondientes al presupuesto de la Seguridad Social, con las bajas correlativas en las anteriores partidas de gasto. La supresión de prestaciones asistenciales existentes y de complejidades del IRPF serían avances en sí mismos beneficiosos. Conseguiríamos que el sistema ganara en simplicidad, eficacia y eficiencia.

Sería recomendable asegurar el adecuado tratamiento de las personas mayores, excluidas del IMVA, para que sus prestaciones no fueran inferiores a las de la prestación general.

Como en el IMV, *el pago será mensual y se realizará mediante transferencia bancaria, a una cuenta del titular de la prestación.*

Para la mayoría de la población el sistema parece sencillo. A continuación, se sugieren algunas reflexiones que, sin duda, podrán ser mejoradas desde la experiencia de los gestores de este tipo de prestaciones.

De la misma forma en que se dispone del censo electoral y se informa de ello a cada votante, debería remitirse a toda persona con derecho a la prestación automática una breve nota informativa de la puesta en marcha de nuevo subsidio, de los datos de personas menores a cargo que constan en la base de datos y de la consiguiente cuantía de la prestación. Igualmente se informaría de que el importe recibido es incondicional, estará exento de tributación y que es compatible con cualquier otro ingreso.

Convendría hacer constar que el objetivo es evitar situaciones de pobreza existente o sobrevenida sin retrasos ni burocracia y que se anulará para quienes no tengan necesidad de ella. Que, por esa razón, la prestación será devuelta parcialmente de forma progresiva (totalmente para los niveles más elevados de ingresos) vía retenciones impositivas cuando los ingresos de la persona muestren que no existe necesidad de esa prestación.

Si la persona observa algún error debe comunicarlo para su corrección. En otro caso, puede dirigirse al banco de su conveniencia y comunicar que desea recibir la transferencia en la cuenta que indique. Serían las entidades financieras las encargadas de comunicar las personas que han domiciliado su prestación en su entidad.

Aquellas personas que no deseen la domiciliación bancaria podrían solicitar el cobro directo. Bastaría con abrir un registro informático de tales personas. Al inicio de cada mes podrían acudir a cualquier banco y con la simple presentación de su DNI recibirían el importe correspondiente. La entidad financiera comprobaría que están en el registro y que no han retirado su prestación mensual. Comprobada la procedencia de pago, la entidad financiera lo haría efectivo por su propia cuenta, regularizando después el saldo neto con la seguridad social.

Los servicios sociales (así como *las entidades del tercer sector de acción social y agentes sociales con los que se suscriban acuerdos o convenios para la realización de actuaciones en el marco de las estrategias de inclusión de las personas beneficiarias*) podrían centrarse en la situación de las personas sin domicilio legal o a las que habitualmente no lleguen los procedimientos generales de información, para intentar conseguir su acceso a la prestación y la efectiva universalización del IMVA. La Tarjeta Social Digital podría ser un instrumento especialmente apropiado para estos supuestos.

Pasada esa fase inicial de puesta en marcha, dejan de ser necesarias las certificaciones de ingresos y las revisiones anuales, que están generando numerosos problemas a las personas beneficiarias.

A partir de ese momento, cabe ir incorporando las altas que vayan produciéndose. Unas irán ligadas a la residencia, lo que debería arbitrarse como un mecanismo automático de información coordinada con el Ministerio del Interior.

Otras, se derivarían al paso a la mayoría de edad "emancipada" en los términos señalados más arriba. El ideal sería que el propio registro de alta en la Seguridad Social sirviera automáticamente para notificar el cumplimiento del plazo exigido de cotización. Su alta conllevaría la inmediata baja de la prestación correspondiente para sus padres o tutores y el reconocimiento del derecho acumulado durante el periodo de mayoría de edad "no emancipada".

En ambos casos el proceso sería igual al que se ha descrito para el momento inicial: notificación, confirmación de datos ccorrectos y comunicación de la forma de cobro que se desea.

Las administraciones responsables del reconocimiento de la residencia legal o de los establecimientos penitenciarios o sanitarios deberán informar automáticamente a la seguridad social para las consiguientes modificaciones de las situaciones en relación con el IMVA y las previsiones fijadas para su disfrute.

Igualmente deberían garantizarse las informaciones inmediatas sobre nacimientos y defunciones, motivos automáticos de altas y bajas en el derecho a la prestación.

De entrada, parece que esta sería toda la burocracia exigida por el IMVA, en contraste con todas las comprobaciones y revisiones que exigen el IMV y demás prestaciones condicionadas.

Naturalmente, salvo en los supuestos que se han citado en los párrafos anteriores por variación de circunstancias, no hace falta ninguna solicitud previa ni su consiguiente proceso de comprobaciones y pasos para el reconocimiento de la prestación. El IMVA, por definición, es automático.

Ello supone eliminar de un plumazo todos los farragosos pasos previstos en la ley del IMV: solicitud, acreditaciones, tramitación, comprobaciones, resoluciones, recursos, supervisión, revisiones, incluso la casi totalidad de las sanciones previstas. Varios apartados de la ley del IMV se tornan innecesarios en el IMVA.

También se relajan las obligaciones de las personas titulares del ingreso mínimo vital automático. Salvo los matices que estamos viendo, para la gran mayoría de las personas los cambios de domicilio, de situación económica o familiar, de nuevos ingresos... resultan indiferentes para la prestación.

Seguirían vigentes dos de las obligaciones actualmente fijadas:

e) Comunicar a la entidad gestora, con carácter previo, las salidas al extranjero, tanto del titular como de los miembros de la unidad de convivencia, por un periodo, continuado o no, superior a noventa días naturales durante cada año natural, así como, en su caso, justificar la ausencia del territorio español.

f) Presentar anualmente declaración correspondiente al Impuesto sobre la Renta de las Personas Físicas.

En el primer caso, porque la residencia es requisito para el derecho y el desplazamiento al extranjero es motivo de baja. En el segundo, porque el IMVA debería llevar aparejada la obligación universal de declaración impositiva, de forma que el INR pudiera jugar su papel de corrección en todos los casos. Desde la perspectiva de la conciencia fiscal, esta exigencia ha de considerarse un avance positivo. Dado el eficaz sistema de gestión y declaración previa de nuestra AEAT (Agencia estatal de administración tributaria) las molestias para los afectados serían mínimas. Es cierto que seguiría existiendo un pequeño colectivo con dificultades informáticas para los que esa obligación pudiera resultar algo problemática, pero no será difícil arbitrar soluciones específicas para tales casos.

Las infracciones se reducen sustancialmente porque apenas quedaría la relacionada con *no comunicar cualquier cambio o situación que pudiera dar lugar a la modificación, suspensión o extinción de la prestación, en el plazo de treinta días desde que estos se produzcan.*

Las sanciones, en todo caso, no podrían consistir, como en la actualidad, en la pérdida de la prestación por un periodo mayor o menor. El IMVA es un derecho inalienable salvo en las circunstancias expresamente previstas en la ley. Correspondería, en su caso, el reintegro de cantidades indebidamente percibidas y multa de *n* veces la cifra anterior.

7.2. Cooperación entre las administraciones públicas

La urgencia en la puesta en marcha del IMV impidió la adecuada preparación y acuerdo con las administraciones territoriales, que habría sido deseable y es imprescindible. Más todavía cuando existían previamente los programas de rentas mínimas en todas las Comunidades Autónomas.

Fruto de ello es el relativo caos imperante en el juego entre las rentas autonómicas y el IMV.

La prestación estatal es compatible con las rentas de inserción de las comunidades autónomas puesto que *en el cómputo de ingresos quedan expresamente excluidas las prestaciones autonómicas concedidas en concepto de rentas mínimas. Por tanto, el ingreso mínimo vital... permite a las comunidades autónomas modular su acción protectora para adecuarla a las peculiaridades de su territorio, al tiempo que preserva su papel como última red de protección asistencial.*

Sin embargo, el IMV sí cuenta como ingreso para acceder a las rentas mínimas en la mayoría de las comunidades. Incluso se han declarado incompatibles en algunas como Andalucía, Baleares, Cantabria y Galicia. La regla mayoritaria es que la renta mínima solo se mantiene de forma subsidiaria para los que no cumplan los requisitos del IMV.

No es de extrañar que la Asociación Estatal de Directoras y Gerentes de Servicios Sociales advierta de la sustitución por el ingreso mínimo vital: estiman que el conjunto de las comunidades gastaron un 13% menos en rentas mínimas de inserción en 2021 tras la implantación del IMV. Según su análisis muchas comunidades están aprovechando este para desmantelar su sistema de protección a las situaciones de exclusión social. Por comunidades, Castilla-La Mancha registra el mayor descenso (66,7%), seguido por Madrid (61,7%), Castilla y León (58,2%) y Aragón (51,6%).

El artículo 25 de la Ley del IMV afirma la competencia del Instituto Nacional de la Seguridad Social y la colaboración interadministrativa:

1. La competencia para el reconocimiento y el control de la prestación económica no contributiva de la Seguridad Social del ingreso mínimo vital corresponde al Instituto Nacional de la Seguridad Social, sin perjuicio de lo dispuesto en el segundo apartado de este artículo.

2. Las comunidades autónomas y entidades locales podrán iniciar el expediente administrativo cuando suscriban con el Instituto Nacional de la Seguridad Social, en los términos previstos en la Ley 40/2015, de 1 de octubre, de Régimen Jurídico del Sector Público, el oportuno convenio que les habilite para ello.

En el marco del correspondiente convenio suscrito con el Instituto Nacional de Seguridad Social, podrá acordarse que, iniciado el expediente por la respectiva administración, la posterior tramitación y gestión previas a la resolución del expediente se efectúe por la administración que hubiere incoado el procedimiento.

Es imprescindible la competencia básica de la Seguridad Social para garantizar una homogeneidad razonable, normativa y cuantitativa, en la prestación. Pero no hay ningún problema para que fueran las instancias más próximas a la población las que gestionaran los posibles problemas de aplicación que pudieran aparecer. Serían prácticamente inexistentes las necesidades de supervisión. Probablemente, a pesar del automatismo, seguirá siendo necesaria la cooperación para la inclusión social de las personas beneficiarias.

Tal como ahora se prevé, *el Ministerio de Inclusión, Seguridad Social y Migraciones promoverá, a través de la Secretaría General de Objetivos y Políticas de Inclusión y Previsión Social, en el ámbito de sus competencias, estrategias de inclusión de las personas beneficiarias del ingreso mínimo vital mediante la cooperación y colaboración con los departamentos ministeriales, las Comunidades Autónomas, las Entidades Locales, las organizaciones empresariales y sindicales más representativas, empresas colaboradoras, incluidas las empresas distinguidas con el Sello de Inclusión Social, así como entidades del Tercer Sector de Acción Social.*

Seguirían siendo útiles, aunque con competencias y preocupaciones algo modificadas la *comisión de seguimiento* y el *consejo consultivo del ingreso mínimo vital.*

Debería estudiar que las Comunidades Autónomas pudieran suplementar la prestación estatal, ya con carácter general, ya referida a determinadas situaciones o circunstancias. De esta forma, el IMVA y las prestaciones autonómicas quedarían mejor integradas y contribuirían a una mayor equidad y eficacia del sistema global de rentas mínimas.

En todo caso, es evidente que la gestión del IMVA es bastante sencilla, a años luz de los excesos burocráticos del IMV y de todas las figuras que resultan absorbidas.

Esa simplificación va acompañada de la eliminación de la mayor parte de los inconvenientes del IMV y resto de programas de rentas mínimas condicionadas, según hemos visto.

7.3. La gestión política

7.3.1. La opinión pública

Como resumen muy bien AERTS et al. (2023), "*son abundantes los trabajos que han comenzado a analizar la viabilidad política de una RBU (por ejemplo, DE WISPELAERE, 2016; MARTINELLI Y PEARCE, 2019; PERKIÖ, 2020). Otros utilizaron datos de encuestas y encontraron niveles de apoyo bastante sustanciales entre la población (por ejemplo, CHRISP ET AL., 2020; LAENEN Y OTROS, 2022; PAROLIN Y SIÖLAND, 2020; RINCÓN ET AL., 2022; ROOSMA Y VAN OORSCHOT, 2020; VLANDAS, 2021). El apoyo entre los sindicatos y los trabajadores organizados en el camino sigue siendo tibio (CIGNA, 2022; HENDERSON Y QUIGGIN, 2019).*

La dificultad mayor para la implantación de un nuevo ingreso mínimo vital automático e incondicionado se encuentra en la resistencia de los responsables políticos a dar un salto semejante. Toda propuesta novedosa asusta y, más aún, si se teme que buena parte de la opinión pública puede estar en contra.

Recordemos que el camino para poner en marcha el IMV no fue precisamente fácil. Dentro del gobierno, hubo que limar diferencias iniciales entre el entonces vicepresidente segundo, Pablo Iglesias, y el ministro de Inclusión, Seguridad Social y Migraciones, José Luis Escrivá,

El PP, tras la habitual oposición inicial, dudó entre la abstención y el sí. Se decantó finalmente por esta segunda opción, a cambio de que se tramitara como proyecto de ley, en buena medida tras ver lo que transmitían las encuestas.

Vox fue especialmente beligerante: calificó como "paguita" que "alentaba el efecto llamada" la intención del Gobierno de dar una ayuda a las familias más vulnerables. Pero, probablemente por la misma influencia de las encuestas, no se atrevió a votar en contra y sus diputados terminaron absteniéndose.

Porque, efectivamente, el barómetro publicado entonces por el CIS (Centro de Investigaciones Sociológicas) preguntaba si "*ante la crisis económica producida por la COVID-19, ¿está Ud. a favor de que el Gobierno conceda un ingreso mínimo vital a aquellas personas y sectores más necesitados, o está en contra de esta medida?*"

El 81,3% de los encuestados manifestó estar de acuerdo frente a solo un 13% en contra. El apoyo entre los votantes del PSOE y Unidas Podemos rondaba la unanimidad: un 92,4 en el caso de los primeros, un 98,6 en el caso de los segundos. Incluso entre los votantes de Vox, los que opinaban a favor superaban a los contrarios a la medida: 49,1 frente al 44,4% respectivamente.

Un apoyo abrumador, especialmente relevante en un periodo de extremada polarización política. También es cierto, en sentido contrario, que la encuesta se realizó en las excepcionales circunstancias de la pandemia del COVID-19, con toda la crisis económica y social consiguiente.

En todo caso, aquellas posiciones ya señalan que las posiciones políticas están también en este punto fragmentadas: las fuerzas de denominadas de izquierda muestran posiciones más favorables que las que, de entrada, parecen preferir las más conservadoras.

Pero unas y otras demuestran ser muy sensibles a la presión de las encuestas. Y resultados decididamente favorables o contrarios a una medida decantan la decisión final, reforzando a unos, doblegando a los otros.

Sin embargo, ese consenso social ya existía antes. Vimos que los datos europeos mostraban que más de la mitad de la población se manifestaba favorable a una renta básica. Y el porcentaje se acercaba al 70% en favor de una renta mínima condicionada a bajos ingresos. En España, los resultados son más diferenciados: casi un 90% de apoyo la renta mínima, aunque queda levemente por debajo del 50% la posición favorable a la renta básica.

También coincidiendo con la época pandémica (mayo de 2020), la Red de Renta Básica (2020) encargó una encuesta en España sobre el tema. Las conclusiones son llamativamente optimistas: un 56 % se muestra más bien de acuerdo en favor de un ingreso incondicional y universal como derecho de ciudadanía, frente a un 30% más bien en desacuerdo.

Sin embargo, el 38% opina que debe durar durante el periodo de alarma y un 22% mientras la tasa de paro sea elevada. Solo el 31% considera que debería ser una medida permanente.

A la pregunta de si seguirían trabajando de disponer de una renta básica de 715 euros mensuales (que es la hipótesis planteada en la encuesta) el 78% de las personas empleadas contesta afirmativamente y un 6% afirma que dejaría de trabajar. Un 9% intentaría trabajar algo menos.

El 80% de quienes están en paro seguirían buscando empleo como hasta ahora, un 7% buscaría un empleo con menos horas y un 8% dice que dejaría de buscar empleo.

Para los que la renta básica supondría un cambio de actividad, los trabajadores y los parados se dedicarían más tiempo a la familia y al ocio, mientras que los inactivos se centrarían un buscar un trabajo mejor como primera opción.

Los resultados son significativamente coincidentes con los dominantes en las experiencias que se han realizado en los distintos países con una renta básica y que se han mencionado en otro lugar.

Muy interesante es la aproximación de RINCÓN (2023) en la que analiza los apoyos recibidos en función de distintas alternativas que se ofrecen a la persona encuestada.

Como señala la autora[10], los estudios existentes muestran que el apoyo a la renta básica es mayor en los casos de tener ingresos bajos, estar en situación de desempleo, y ser joven y de izquierdas. Sin embargo, la investigación actual no permite calibrar qué aspectos de una renta básica son los más populares o problemáticos para la ciudadanía.

La universalidad reduce el apoyo a la renta básica, pero no así la incondicionalidad. Se prefieren ayudas destinadas a personas que lo necesitan, frente a un ingreso universal pero no son más populares las ayudas que llevan alguna forma de condicionalidad frente a las incondicionales. Sin embargo, restringir la medida para las personas que son ciudadanas y no sólo residentes aumenta el apoyo a la universalidad.

Como era de esperar, los mecanismos de financiación desempeñan un papel crucial: el respaldo se reduce significativamente cuando cualquier tipo de ingreso se financia mediante la reducción de los gastos sociales, pero aumenta si se financian vía un impuesto sobre los umbrales más altos de renta.

En cuanto a la cuantía, las cantidades más bajas (por ejemplo, (200 euros) son altamente impopulares.

En todo caso, podemos concluir, razonablemente, que parece existir un consenso elevado en favor de un sistema que garantice ingresos mínimos a la población que lo necesite. Pero que ese consenso ya no es tan claro cuando hablamos de implantar una renta básica.

7.3.2. Universalidad y financiación

Hemos visto que la universalidad es la más importante de las barreras para aceptar la renta básica. Por dos tipos de razones:

- Por razones financieras. Intuitivamente parece que dar una renta mínima a toda la ciudadanía resultaría financieramente insoportable y conllevaría necesariamente o una pérdida en otras prestaciones sociales o un incremento de la presión tributaria.
- Por razones conceptuales. La lógica dominante y aceptada muy generalizadamente es que las ayudas deben destinarse a aquellas personas que lo necesitan, pero nunca a personas en buena situación económica. Una renta universal parece chocar con esa regla y, por ello, genera resistencia en la opinión pública. Incluso

[10] De qué depende el apoyo a la renta básica universal | Agenda Pública (elpais.com)

cuando se explica que quienes no la necesitan la devolverán vía impuestos, la primera reacción es señalar el punto absurdo de dar para luego quitar.

Como se ha explicado más arriba, los niveles medios y altos de renta están recibiendo actualmente, sin escándalo alguno, una renta básica automática e incondicionada a través del mínimo personal y familiar del IRPF. Gracias a esa previsión, que todos consideramos plenamente justificada, los declarantes reciben una cantidad que se aplica a reducir su cuota del impuesto. No obstante, es preciso actuar para disipar estos temores ligados a la universalidad del IMVA.

El primer paso para pensar en la implantación del IMVA pasa pues, indiscutiblemente, por la clarificación financiera. Los cálculos que se han presentado más arriba deben realizarse con todo detalle, a partir de los microdatos de que dispone la administración, para evaluar en mejor medida los efectos que se derivarían de la implantación: calcular el gasto bruto, los ahorros posibles, la financiación adicional necesaria y la estructura del INR que debería implementarse. A partir de ahí, podría transmitirse con la máxima transparencia el funcionamiento de la nueva prestación, su financiación y sus efectos netos.

Esa información permitiría mostrar que el IMVA va a llegar a quienes lo necesitan, que el beneficio va a ser decreciente de forma automática según se elevan los ingresos de los perceptores, que los niveles de renta media alta resultarán con un saldo neto en torno a cero y que contribuyentes con mayores recursos tendrán que pagar más de impuesto que lo que han recibido vía IMVA.

¿Por qué no es absurdo un sistema que primero da y luego quita? En primer lugar, porque, contra las apariencias, ese sistema es más sencillo que restringir el pago a quienes lo necesitan. Porque la transferencia universal no exige apenas control previo ni trámites burocráticos. Y la recuperación vía INR utiliza el canal ya existente de las retenciones del IRPF, por lo que no exige ninguna burocracia especial.

En segundo lugar, porque el resultado es notoriamente más justo. No hace falta insistir en que de esta forma llega a todas las personas que lo necesitan sin retrasos ni trabas. Pero sí conviene resaltar las notorias ventajas de trato adecuado en dos casos:

1) Para la clase media baja. Las sucesivas crisis de este siglo hacen que una parte de la denominada clase media-baja, se deslice hacia el lado más pobre. Según los cálculos de Cantó y Ayala (2018) en el año 2000 ese grupo llegó a significar el 43% de la población por la incorporación a esa clase de millones de personas procedentes de la clase baja. Pero la crisis de 2008 provocó que la clase media-baja descendiera

de nuevo: en 2010 se encontraba en el 34% y se estima que actualmente (tras una pequeña remontada que se interrumpió con la pandemia), no pasa del 32%.

Este es el grupo social más perjudicado por el error de salto de las políticas públicas: no acceden al IMV, ni a becas, ni a viviendas sociales, ni a múltiples beneficios que se definen con límites máximos de acceso que les dejan fuera por muy poco. Al mismo tiempo, sus salarios prácticamente no han mejorado (incluso han perdido poder adquisitivo) en los últimos tres lustros.

La fórmula progresiva propuesta para el IMVA permitirá que cualquier deterioro en la situación económica propicie automáticamente un saldo neto mejor en el juego IMVA/INR. En todo caso, parte del beneficio llega a este grupo social tan relevante y mejorará su percepción respecto a los beneficios de las políticas públicas.

2) Cambio en las circunstancias. La gran ventaja del automatismo, hay que insistir, es que la ayuda se gradúa automáticamente según cambian las circunstancias. La pandemia fue la mejor muestra de cómo la situación personal puede variar inesperadamente: personas que estaban en un nivel de vida desahogado vieron cómo, repentinamente, su pequeño negocio se cerraba, cómo pasaban de vivir sin problemas económicos a la necesidad, incluso, a las colas de los comedores sociales. Con el IMVA, automáticamente ya estarían recibiendo la ayuda sin trámite ni retraso alguno y dejarían también automáticamente de pagar el INR, de "devolver" el subsidio cobrado como hacían cuando no lo necesitaban.

   Con una estructura como la del IMV, quien necesita y solicita el subsidio a primeros de año, pero no lo necesita ya a mediados de año, quizás no lo cobre en el periodo de necesidad y pase a cobrarlo cuando ya ha salido de esa situación de pobreza. Entrando, para colmo, en farragosos procesos de devolución de lo cobrado "indebidamente". Quien no lo necesita y pasa repentinamente a necesitarlo, verá como pasan meses hasta que recibe el ingreso.

   En la actual situación económica, donde las crisis se repiten con celeridad, es generalizada la inseguridad respecto a la situación económica personal, con temor a perder el empleo, a dificultades para encontrar uno nuevo, a verse en dificultades económicas.

   La renta mínima garantizada de forma automática es así una oferta apreciable de seguridad. Este aporte de seguridad debe ser una de las ideas fuerza a la hora de plantear la reforma ante el conjunto de la sociedad.

Vemos así como ese aparentemente absurdo proceso de dar y devolver es la garantía de que la ayuda llega inmediatamente a quienes lo necesitan, desde el primer momento y solo a ellos.

7.3.3. Disipando otros temores

Sin duda, muchos otros prejuicios sobre una renta incondicional universal deben ser desmontados pacientemente. A lo largo del texto hemos ido repasando muchos de ellos. Volvemos a destacar ahora dos de los más recurrentes: desincentivos e incondicionalidad.

Un ingreso mínimo garantizado podría resultar, en opinión de muchos un potente desincentivo al trabajo, un estímulo a la vagancia y una creciente dificultad para encontrar quien ocupe los empleos más desagradables. Aparte de que las experiencias de rentas incondicionadas no avalan esos temores, conviene recordar que el ingreso mínimo vital ya existe (de hecho, en las Comunidades Autónomas desde hace muchos años). Tan solo se pretende buscar una fórmula más eficiente de gestionarlo, pero no debería suponer una variación significativa respecto a lo que ya ocurre. Es más: al ser el IMVA perfectamente compatible con otros ingresos, este subsidio automático supone una mejora notoria en cuanto a incentivos al empleo.

Es curioso, que cuando se pregunta a los encuestados que manifiestan este temor a la "vagancia" si, en su caso, dejarían de trabajar al recibir un subsidio de estas cuantías, la respuesta es un rotundo no. Parece que tenemos una opinión de los demás muy infravalorada respecto a la propia estima.

Es posible, sí, que algunos empleos especialmente molestos y mal pagados tuvieran algún problema mayor para ser cubiertos. Desde la perspectiva de moral social, pero también desde la más pura lógica del mercado, la señal evidente es que, en tal caso, será necesario revisar las condiciones de ese tipo de trabajos para que resulten más atractivos. ¿Desventaja o ventaja de la implantación del IMVA?

En todo caso, cualquiera de estos efectos de incentivos solo reflejaría la mejora en la eficacia de esta fórmula respecto a las existentes. Recordemos que aplicamos exactamente los mismos objetivos de apoyo a las personas con muy bajos recursos. Solo que ahora confiamos en que llegue realmente a quienes lo necesitan. Pensar que el IMVA conllevará estos efectos solamente confirmaría su mayor eficacia.

El hecho de que la prestación se proporcionaría sin ninguna contrapartida es otro de los aspectos más controvertidos, aunque en Rincón (2023) no parece especialmente decisivo. Reiteraremos que

- La mayoría de las prestaciones sociales (educación o sanidad, por ejemplo) son también derechos incondicionados.
- Existe una contrapartida general que es el pago de impuestos. Nuestras contribuciones son la garantía de nuestros derechos.
- Las exigencias de formación o búsqueda de empleo por parte del beneficiario parecen responder a esa imagen culpabilizadora de la pobreza, como si estar en situación de necesidad y exclusión social fuera responsabilidad de las personas afectadas.
- Ya existe una ayuda sin contrapartida en el IRPF como es su mínimo personal y familiar, con una idea de base idéntica (garantizar un mínimo vital) pero que favorece más a los ricos que a los más necesitados.

Especialmente chocantes son algunos temores de gasto en vicios o lujos. Las experiencias de renta básica han mostrado más descenso que aumento de, por ejemplo, el alcoholismo. Y pensar en lujos con 500 euros de renta mensual suena casi insultante.

También aparece a veces el temor al fraude y las alusiones a la tópica picaresca española. Este tipo de comentarios parece olvidar que, precisamente por su carácter incondicionado y universal, el fraude no encuentra lugar en el IMVA. En su caso, influye el fraude en las declaraciones impositivas, el fraude y la evasión fiscal de carácter general. Pero erradicarlo es un objetivo al margen de este o cualquier otro programa de renta mínimas.

Hay que insistir en que la historia nos muestra que las medidas importantes de avance social han ido acompañadas siempre de enormes resistencias por parte de los hacedores de la opinión pública, normalmente ligados a los intereses de quienes detentan más riqueza y poder. La reducción de la jornada laboral, el descanso semanal, el salario mínimo y sus revalorizaciones..., como el voto femenino y los derechos de igualdad de las mujeres y tantos otros, han necesitado de años de lucha y han venido precedidas del anuncio de grandes e insuperables males. Para acabar consolidándose como derechos irrenunciables.

Lo mismo está ocurriendo con la renta básica, de la que el IMVA sería una forma posible de implantación en España. Solo hace falta voluntad política y valentía. Solo hay que tener miedo al propio miedo.

REFERENCIAS

- AERTS, E.; MARX I. Y VERBISTA, G. (2023): Not That Basic: How Level, Design and Context Matter for the Redistributive Outcomes of Universal Basic Incomc. DISCUSSION PAPER SERIES, febrero 2023. *IZA – Institute of Labor Economics*
- AIREF (2019): LOS PROGRAMAS DE RENTAS MÍNIMAS EN ESPAÑA. *https://www.airef.es/wp-content/uploads/RENTA_MINIMA/20190626-ESTUDIO-Rentas-minimas.pdf*
- ARCARONS, J.; BOLLAIN, J.; RAVENTÓS, D. Y TORRENSE,L (2023): *En defensa de la renta básica. Por qué es justa y cómo se financia.* DEUSTO.
- ARRIBA, A. Y AYALA, L. (2013): "El sistema de garantía de ingresos: tendencias y factores de cambio", *Presupuesto y Gasto Público*, 71/2013. Págs. 259-276.
- AYALA, L. (2015): El sistema de garantía de ingresos en España: efectos sobre la desigualdad y la pobreza. En *2º Informe sobre desigualdad en España.* Fundación Alternativas. Madrid, pp.43-78.
- AYALA, L. (coord.) (2014): "Distribución de la renta, condiciones de vida y políticas redistributivas. En *VII Informe FOESSA.* Fundación FOESSA. Madrid.
- AYALA, L. Y GIMENO, J. A. (2019): Un Estado de bienestar para el siglo XXI. en Garde, Gascón y Merola (coords.): Hacienda Pública y gobernanza fiscal en España: desafíos 2020. Estudios de Hacienda Pública Instituto de Estudios Fiscales. Madrid.
- BADENES PLÁ, N.; GAMBAU-SUELVES, B. Y NAVAS ROMÁN, M. (2019), «Distributional and welfare effects of replace monetary benefits with universal basic income in Spain», EUROMOD Working Paper, nº EM8/19.
- BARCELÓN, S. Y AYALA, A. (2019). "La implantación de una Renta Básica en el modelo de protección social en España: prestaciones del sistema de Seguridad Social y rentas autonómicas. Aprendizajes a partir del modelo de Renta Mínima de la Comunidad Autónoma de Madrid". Revista Diecisiete. Nº1, pp. 95-116.
- BASIC INCOME EARTH NETWORK: https://basicincome.org/
- BEN-SHALOM, Y.; MOFFITT, R.A. Y SCHOLZ, J.K. (2011): An Assessment of the Effectiveness of Anti-Poverty Programs in the United States. *NBER Working Paper* No. 17042.
- BOLLAIN, J. Y RAVENTÓS, D. (2019): "La Renta Básica Incondicional ante las limitaciones de las Rentas Mínimas". SIN PERMISO. 04/01/2019.

- CANTÓ, O. Y AYALA, L. (2018): Ciclo económico, clases medias y políticas públicas. En Tercer informe sobre desigualdad, Fundación Alternativas, pp. 185 – 217.
- CANTÓ, O. Y GONZÁLEZ, L. (2023): El coste de la pobreza infantil en España. Alto Comisionado contra la Pobreza Infantil, con la colaboración de la Fundación "la Caixa". *https://www.comisionadopobrezainfantil.gob.es/sites/default/files/AF%20Pobreza%20Infantil%20Resumen%20Ejecutivo%20v5_low.pdf*
- CASADO, J. M. Y SEBASTIÁN, M. (2019): Análisis crítico de la renta básica: costes e incentivos. Aplicación al caso español. Revista 17, nº 1, pp. 117-134.
- CES (Consejo Económico y Social) (2017): Políticas públicas para combatir la pobreza en España. Informe 01/2017.
- COMISIÓN EUROPA (2019): The Impact of the Digital Transformation on EU Labour Markets. *Report of the high-level expert group. European Commission.* Brussels
- COSTAS, A. (2020). "Un nuevo contrato social postpandémico. El papel de la Economía social". *CIRIEC-España, revista de economía pública, social y cooperativa*, nº 100, pp. 11-29.
- DANZIGER, S.; HAVEMAN, R. Y PLOTNICK, R. (1981): How income transfers programs affect work, savings and the income distribution: a critical review. *Journal of Economic Literature*, n. 19, págs. 975-1028.
- DE GIORGI, G. Y PELLIZZARI, M. (2009): Welfare migration in Europe, *Labor Economics* 16, pp. 353-363.
- DÍAZ OYARZÁBAL, J.; GIMENO ULLASTRES, J. A. Y GÓMEZ FRÍAS, V. (2019) Modelos de financiación de una Renta Básica para España. *Revista 17*, nº 1, pp. 135 159.
- EAPN ESPAÑA (2022): *XII informe: El estado de la pobreza en España.* Seguimiento de los indicadores de la agenda UE 2030. 2015-2021. Madrid.
- ESPING-ANDERSEN, G. (2008). Modelos de sociedad, economía y políticas públicas: un nuevo contrato de género. En M. Pazos Morán (dir.), *Economía e igualdad de género: retos de la hacienda pública en el siglo XXI* (pp.31-43). Madrid: Instituto de Estudios Fiscales.
- EUROPEAN SOCIAL SURVEY (2016) – Noguera J.A. EL PAÍS: 9/02/2019.
- FIVA, J.H. (2009), Does welfare policy affect residential choices? An empirical investigation accounting for policy endogeneity. *Journal of Public Economics*, n. 93, pp. 529-540.
- FLAQUER, L. (2004): La articulación entre familia y el Estado de bienestar en los países de la Europa del sur. *Papers, revista de sociología*. N. 73, pp. 27-58.

- GIMENO ULLASTRES, J.A (2019): "De rentas mínimas a renta básica". *Revista 17.* Octubre, págs.59-80.
- GIMENO ULLASTRES, J.A (2019): "Un Estado de bienestar más redistributivo". En Ayala, Martínez y Loscos (coords.): *"El futuro del Sector Público"*. Estudios de Hacienda Pública Instituto de Estudios Fiscales. Madrid.
- GIMENO ULLASTRES, J.A. (2015): Aproximación a una renta básica sostenible. En Ayala, L. y Ruiz Huerta, J. (eds.): *Segundo informe sobre la desigualdad en España*. Fundación Alternativas, Madrid, págs. 97-103.
- GIMENO, J.A. (2014): "Coste/beneficio de una renta básica". *Presupuesto y gasto público*, n. 76, pp. 141-158.
- GÓMEZ, V. Y SÁNCHEZ, T. (2020). *Entender la renta básica*. Ed. Gedisa.
- JOFRE-MONSENY, J. (2013): The effects of unemployment benefits on migration in lagging regions. *Document de treball de l'IEB* 2013/10. Institut d'Economia de Barcelona.
- LLANO ORTIZ, J. C. (2020): *El paisaje del abandono: La pobreza severa en España*. EAPN – ES. https://www.eapn. es/ARCHIVO/documentos/noticias/1594898863_el-paisaje-del-abandono.-la-pobreza-se- vera-en-espana-correccion16072020.pdf
- MALGESINI, G. (2020): *The impact of COVID-19 on people experiencing poverty and vulnerabity*. EAPN Report. https://www.eapn.eu/wp-content/uploads/2020/07/EAPN-EAPN_RE- PORT_IMPACT_COVID19-4554.pdf
- MALGESINI REY, G. (2014): *Informe sobre los Sistemas de Rentas Mínimas en España*. COMISIÓN EUROPEA Dirección General para el Empleo, los Asuntos Sociales y la Inclusión. EAPN ESPAÑA.
- MARTÍN CARRETERO, J.M. (2019): Nueva desigualdad en España y nuevas políticas para afrontarla. En Sevilla, J. (Coord.): *Reforzar el bienestar social: del ingreso mínimo a la renta básica*, p. 17. Observatorio Social de la Caixa. https://observatoriosociallacaixa.org/documents/22890/182418/ Informe+renta+basica_es.pdf/3642780f-87f5-8141-5993-864af1851e31
- MARTINELLI Y PEARCE, (2019), 'Basic income in the UK: Assessing prospects for reform in an age of austerity', *Social Policy and Society*, n. 18: 2, pp. 265-275.
- MINGIONE, E. Y BENASSI, D. (2019): El modelo de bienestar en la Europa del Sur y la lucha contra la pobreza y la exclusión social. *Panorama social*, n. 29, primer semestre, pp. 9-23.
- MUÑOZ DE BUSTILLO, R. Y ANTÓN, J.I. (2013): Mercado de trabajo y demanda de protección social. *Presupuesto y gasto público*. 71-2/2013, PP. 101-126.

- NACIONES UNIDAS (2020). *Informe del Relator Especial sobre la extrema pobreza y los derechos humanos* (Visita a España). A/HRC/44/40/Add.2. https://undocs.org/es/A/HRC/44/40/Add.2
- NOGUERA J.A. Noticias por autor: José Antonio Noguera | Agenda Pública (elpais.com)
- OXFAM-INTERMON (2020): *Una reconstrucción justa y necesaria es posible.* https://cdn2. hubspot.net/hubfs/426027/Oxfam-Website/oi-informes/informe-pobreza-desigualdad-pan-demia-covid-19.pdf
- PEÑA-MIGUEL, N. Y DE LA PEÑA ESTEBAN, J. I. (2014): Hacia una Prestación Social Básica en un Estado de Bienestar. *Lan Harremanak*. 2014-II. Págs. 16-35.
- PÉREZ, J. A. (2015). *Renta básica universal.* Ed. Clave Intelectual.
- PIKETTY, T. (2021). *Una breve historia de la igualdad.* Ed. Deusto.
- RALLO, J.R. (2020). *Contra la renta básica.* Deusto.
- RED RENTA BÁSICA (2020): *Encuesta ómnibus. Ipsos.* https://www.redrentabasica.org/rb/nueva-encuesta-sobre-la-renta-basica-en-espana/
- RINCÓN, L. (2023): A Robin Hood for all: a conjoint experiment on support for basic income, *Journal of European Public Policy*, 30:2, 375-399
- SALAS ROJO, P. Y RODRÍGUEZ, J.G. (2020): The Role of Inheritance on Wealth Inequality: A Machine Learning Approach. *LIS, issue n.14.* https://www.lisdatacenter.org/newsletter/nl-2020-14-im-2/#
- SANZO GONZÁLEZ, L. (2018). La política de garantía de ingresos en España. *ZERBITZUAN* 65. mayo 2018. Págs. 41-51.
- SEEPROS (2021): *Estadística de cuentas integradas de protección social en términos SEEPROS.* Ministerio de Trabajo y Economía Social. https://www.mites.gob.es/estadisticas/seepros/welcome.htm
- SEVILLA, J. (2019): Una propuesta de renta fiscal universal para España. En Sevilla, J. (coord.): *Reforzar el bienestar social: del ingreso mínimo a la renta básica*. Observatorio Social de la Caixa, pp. 171-200.
- VAN PARIJS, P. (2019). Basic income: desirable and affordable? *Revista 17*, nº 1, ps. 19-30.
- VAN PARIJS, P. Y VANDERVOGHT, Y. (2017): *Ingreso básico*. Grano de Sal. México.
- https://www.sinpermiso.info/textos/en-defensa-de-la-renta-basica-por-que-es-justa-y-como-se-financia

www.ingramcontent.com/pod-product-compliance
Lightning Source LLC
LaVergne TN
LVHW051112051026
849532LV00004BB/1523